그리운 너에게

그리운 니에게

1판1쇄. 2018년 4월 9일
1판2쇄. 2018년 5월 10일

엮은이. (사)4·16 가족협의회, 4·16 기억저장소

펴낸이. 정민용
편집장. 안중철
책임편집. 윤상훈
편집. 강소영, 이진실, 최미정

펴낸곳. 후마니타스(주)
등록. 2002년 2월 19일 제300-2003-108호
주소. 서울 마포구 양화로6길 19, 3층 (04044)
전화. 편집 02.739.9929/9930 · 영업 02.722.9960
팩스. 0505.333.9960

블로그. humabook.blog.me
트위터, 페이스북, 인스타그램. @humanitasbook
이메일. humanitasbooks@gmail.com

인쇄. 천일문화사 031.955.8083
제본. 일진제책사 031.908.1407

값 16,000원

ISBN 978-89-6437-305-7 03300

이 도서의 국립중앙도서관 출판시도서목록(CIP)은 e-CIP홈페이지(http://www.nl.go.kr)와
국가자료공동목록시스템(http://www.nl.go.kr/kolisnet)에서 이용하실 수 있습니다.
(CIP제어번호: CIP2018009471)

그리운 너에게

(사)4·16 가족협의회,
4·16 기억저장소 엮음

후마니타스

차례

널 기억하는 우리 가족과 널 기억하는 주위의 모든 사람들,
늘 널 위해 기도하고 남아 있는 사람들을 기억하렴.

편지글 중에서

일러두기

세월호 참사의 희생자 부모들이 쓴 편지글 110편을 담았습니다.
편지를 받는 이의 성명 자모순으로 실었습니다.

강혁

려보아도 소용없음을 하늘을 원망도 해봤다.
자신도 미워진다. 이 모든 세상이
두 싫다. 겨우라도 원치않는 이별로
버리가버린 개삶속의 결부인
아들 라만의 아들 혁아 넌 이미 나에겐
고마운 사람이었다. 혁이는 존재하는
만의로도 위로가 되고 아빠에게 행복을
는 아들이었다. 너에대한 생각이
을것만 같다. 세상을 살아가는 이유도
잃은지 오래 오늘도 하루를 한숨으로 견딘다.
그리움이 커 아쉬움이 아쉬움이커 외로움이

그리운 혁이에게.

내가 아주아주 소중하게 여기는 두 가지 중에 하나를
어느 날 갑자기 떠나보냈다.
이젠 아무리 찾아 헤매도, 불러 보아도 소용없는 일.
하늘을 원망도 해봤다.
나 자신도 미워진다. 이 모든 세상이 모두 싫다.
너무나도 원치 않는 이별로 빨리 가버린,
내 삶의 전부인 내 아들, 나만의 아들 혁아.
넌 이미 나에겐 고마운 사람이었다.
혁이는 존재하는 것만으로도 위로가 되고
아빠에게 행복을 주는 아들이었다.
너에 대한 생각에 죽을 것만 같다.
세상을 살아가는 이유도 잊은 지 오래,
오늘도 하루를 한숨으로 견딘다.
그리움이 커 아쉬움이, 아쉬움이 커 외로움이 더해 가는 이 밤.
오늘도 하루하루 그냥 살아가야만 한다.
못난 아빠 또 버틴다.
하늘만 바라보면서 매일매일 원망 속에서 살아가야만 할까.
아빠가 널 지키지 못한 죄인이라서 하늘도 원망을 못 하겠다.
오늘도 또 하루가 간다. 내일도 버텨야겠지.
그다음 날도 계속…….
하나밖에 남지 않은 소중한 누나 유미를 잘 지켜야겠지.
그냥 또 하루가 간다.
후회해 봐도 그리운 혁이에게 소용없는 또 하루가 간다.
멍하니 세월을 보내며 원망하며 버틴다.
그리움과 서러움이 밀려온다. 그래도 견뎌 내야 한다.

소중한 유미와 엄마가 남아 있기 때문에 버틴다.

하늘로 천사가 되어 먼저 날아가 버린 소중한 내 아들 혁아.

왜 하늘은 꼭 널 데려가야만 했을까.

혁이 있을 때 사랑한다는 말, 고마웠다는 말

한 번이라도 더 해줄걸.

언젠가 우리 가족 또다시 만나서 사랑의 대화를 나누자.

혁아, 사랑한다. 보고 싶다. 언제까지나.

어느 저녁,

혁이에게 아빠가.

고우재

우재야
아빠가 너를 보내 주어야
친구들과도 자유롭게 늘수 있는 걸까
아빠가 너를 보내 주어야
로봇 만들기를 마음것 할수 있는 걸까
아빠는 아직도 마음의 결정을
못 타겠다

우재야, 우재야.

아빠는 아직도 널 가슴에 담지 못하고 있구나.
너를, 내 아들을 내 가슴에라도 묻어야
우리 우재가 외롭고 춥지 않을 텐데,
못난 아빠는 아직도 널 아름답게 보낼 수가 없어.
4년이라는 시간이 다 된 지금도, 아직도,
네가 마지막으로 날 만나러 온 팽목항에 머물고 있단다.
아빠는 아직도 우재가 하늘의 별이 되었다는 걸
부정하고 있는 것 같아.
술도 많이 마신단다.
그러면 네가 아빠 걱정에 꿈에라도 나타나 술 좀 그만 마시라고
막 잔소리해 주길 바라는 마음이라면 억지일 테지.
로봇 만들기를 좋아하고 엔지니어가 되고 싶다고 했을 때,
아빠가 흔쾌히 너 하고 싶은 거 하면서
그 속에서 행복을 찾으라고 했다면 얼마나 좋았을까.
공구 세트를 사줄 걸 그랬어.
망치질과 톱질을 가르쳐 줄 걸 그랬어.
로봇 전시장을 함께 갈 걸 그랬어.
피규어라도 근사하고 멋진 것을 사다가
함께 조립도 했었더라면 얼마나 좋았을까.
아빠가 미안해.
오늘 팽목항에는 눈보라가 치고 바람도 많이 불어서
화장실은 꽁꽁 얼어 버렸어.
수도 언 것을 겨우 녹여 매월 마지막 토요일에 열리는
기억의 문화제 행사를 치렀단다.
우재하고 친구들도 여기에 와있으리라 생각했어.

그래서 아빠는 춥지도 외롭지도 않아.

우재야, 아빠가 너를 보내 주어야

친구들과도 자유롭게 놀 수 있는 걸까?

아빠는 아직도 마음의 결정을 못 하겠다.

아빠가 우재가 그곳에서 행복하길 바라듯

우재도 아빠가 엄마가 우원이가 행복하길 바랄 텐데,

그러질 못하고 있어.

아빠가 바보라 정말 미안해.

우재가 바라는 것을 그때도 지금도 못 해주고 있구나.

아빠가 바보라 정말 미안해.

우재야, 사랑해.

우재가 걱정 안 하도록 아빠가 노력해 볼게.

널 기억하는 우리 가족과 널 기억하는 주위의 모든 사람들,

늘 널 위해 기도하고 남아 있는 사람들을 기억하렴.

팽목항 가족 식당에서, 아빠가.

고하영

그리운 딸 하영

...각하면 눈물이 앞을가리고

...음이 시려오는구나 그곳에선 잘

...내고 있지? 우리딸 태어나면서

...터 그럴게도 순했는데 자다가도

...을 마주치면 생긋웃고 또다시

...들곤했지 아기가 있는 집연리

...클 정도로 조용하게 커어 유치원

...날때도 혼자 시계보고 문잠그고

그리운 딸 하영.

생각하면 눈물이 앞을 가리고 마음이 시려 오는구나.
그곳에선 잘 지내고 있지?
우리 딸, 태어나면서부터 그렇게도 순했는데
자다가도 눈을 마주치면 생긋 웃고 또다시 잠들곤 했지.
아기가 있는 집인지 모를 정도로 조용하게 컸어.
유치원 다닐 때도 혼자 시계 보고
문 잠그고 다닐 정도로 총명하고 착했지.
학교 다니면서 공부도 잘하고 혼자 다 해서
엄마, 아빠는 신경 쓸 게 없었는데…….
그 착한 너를 보냈으니…… 눈물이 앞을 가린다.
너를 보내고 뒤돌아보니 가족사진이 한 장도 없더라.
엄마, 아빠가 너무 무심했어.
미안하고 후회스럽지만 이제 와서 돌이킬 수 없는 일이지.
하영아, 엄마, 아빠, 오빠들은 잘 지내고 있어.
가족들이 슬퍼하고 아파만 하는 걸 네가 원치 않을 것 같아서
열심히 살아가고 있어.
그러니 가족 걱정하지 말고 그곳에서 편히 지내고 있어야 돼.
우리 딸 얘기 하자면 밤새 해도 모자라지만 남은 얘기는
두고두고 하자.
암튼 아프지 말고…… 잘 지내고 있어야 돼.
나중에 엄마, 아빠가 꼭 찾아갈게.
그때 만나서 지나온 날들보다 많이많이 행복하게 지내자.
사랑해, 우리 딸.

엄마, 아빠가.

곽수인

...에게 해 줄 말이 아직 많지 않아서, "왜?"라고

...을 너의 궁금증에 답해줄 말들을 아직 많이

...지 못해서 조금더 세상에 머물게.

...서로 미친듯이 헤매지 않아도 서로를 느끼기에

...분할 만큼 가까이 있는거지?

...들~ 우리아들 수인아~!

...랑하고 또 사랑한다.

...인아 보고 싶다. 한번 "꼬옥~!" 안아보고

...다. 그리운 아들 수인~

생일날 새벽에 엄마가

수인.

누군가 그랬지. 우리 잘못이 아니라고……
미쳐 돌아가는 세상과 그 미친 세상을 만드는 정부의
잘못이라고.
그런데 수인아, 이런 말들이 내게 아무런 위로가 되지 않아.
두 눈에, 두 귀에 그리고 이 세상 속에서
그토록 삶에 열정적인 너의 모습이 보이지 않아.
네가 걸었던 길, 함께 운동했던 운동장,
달리기를 연습했던 산비탈, 즐겨 들었던 음악들……
이 모든 건 그대로인데 그 풍경 속에 너만이 빠져 있어.
나의 상실감만큼 너의 고통도 크리라는 걸 알기에
많이 억누르고 참고 이겨 내려고 몸부림 중이다.
나의 잘못된 선택이 너에게 더 큰 슬픔이 될까 봐.
수인아! 사랑하는 우리 아들.
결혼한 지 10여 년 만에 기적으로 내 품에 왔던 너를,
세상은 지독히 이기적인 악몽으로 빼앗아 버렸구나.
너와 함께하고 싶은 시간이 아직도 많이 남았는데,
너와 함께하고 싶은 일들이 너무도 많았는데,
너와 함께하고 싶은 우리의 간절한 마음을
너무도 어이없게 짓밟아 버렸다.
갈수록 쌓여 가는 미안함과 그리움 그리고 상실감.
그럼에도 아침에 눈을 뜨고 하루의 시간을 보내고
또 다른 날을 맞이하는 되풀이되는 일상들.
수인아, 우리 잘하고 있는 거지?
우리 조금 더 있다가 만나도 괜찮은 거지?
너에게 해줄 말이 아직 많지 않아서,

"왜?"라고 물어 올 너의 궁금증에 답해 줄 말들을
아직 많이 모으질 못해서 조금 더 세상에 머물게.
우리 서로 미친 듯이 헤매지 않아도
서로를 느끼기에 충분할 만큼 가까이 있는 거지?
아들, 우리 아들 수인아!
사랑하고 또 사랑한다.
수인아, 보고 싶다. 한 번 꽉 안아 보고 싶다.
그리운 아들 수인아.

생일날 새벽에,
엄마가.

구보현

심장이 멋을것 같다
깊이는 알수없는
멍든 슬픔을 안고 살아 간다는
그리움을 안고 살아가는 것이
시간이 흐를수록 아프고
세월이 갈수록   보고싶다

이 그리움은
눈물이 되어 흐른다

그리움…….

꽁꽁 얼었던 대지엔

새싹이 움트는 계절이 돌아오지만,

봄의 계절을 잊어버린 우린

너와 함께한 즐거웠던 순간을 기억하며

그리움만 쌓아 간다.

애교쟁이 보현아.

너의 생일에 오빠가

"엄마, 내가 딸 같은 아들이 되어 드릴게요."라고 하는 말에,

옆에서 지켜보는 오빠도 의젓한 척하지만 말 한마디 못 하고

동생을 그리워하며 얼마나 아팠을까 싶어,

참았던 눈물이 터져 버렸다.

보현이가 우리 곁에 없다는 것이…….

우리가 함께한 하루하루의 소소하고 평범한 일상이

우리 가족에겐 커다란 행복이었음을…….

우리 딸이 보고 싶어 심장이 멎을 것 같다.

깊이를 알 수 없는 멍든 슬픔을 안고 살아간다는 것이,

그리움을 안고 살아가는 것이

시간이 흐를수록 아프고,

세월이 갈수록 보고 싶다.

이 그리움은 눈물이 되어 흐른다.

우린 그렇게 너를 그리워하며 살아가고 있다.

권민경

마감하게 해서 미안했고 엄마딸로
미안했다. 엄마는 너에게 너무 부족히
그래서 항상 너에게 지를 빚고 있
미안함 투성이라고. 미안하다 내딸
다음생에서 만나면 영원히 니
엄마가 너무 좋다던 우리딸. 우리아
사랑해, 사랑해, 사랑해.

이름만 떠올려도 슬픈 그 이름, 내 딸 민경이!

참 많은 시간이 흘렀지만,
엄마의 기억 속엔 아직도 어제 같은 시간들.
이제 겨우 며칠 지난 것 같은데
벌써 네 동생 민규가 대학생이 된단다.
네가 살아 있다면 너 역시 어여쁜 숙녀가 되어 있겠지.
여대생도 되어…….
엄마는 너의 커가는 모습도, 결혼하는 모습도,
엄마가 되는 모습도 볼 수 없다는 게 많이 아프고 슬퍼.
유난히 맑고 예쁜 눈을 가진 내 딸 민경이!
네가 내 딸이어서 좋았고,
한 번도 엄마를 힘들게 하지 않는 네가 자랑스럽고 이뻤다.
네가 떠난 후 많은 시간을 함께 보내지 못한 게 미안했고,
많이 안아 주지 못한 게 미안했고,
널 외롭게 해서 미안했고,
고통스럽게 생을 마감하게 해서 미안했고,
엄마 딸로 태어나게 해서 미안했다.
엄마는 너에게 너무 부족한 죄인이란다.
그래서 항상 너에게 죄를 빌고 있어.
미안하다고, 늘 미안함투성이라고.
미안하다, 내 딸!
다음 생에서 만나면 영원히 네 곁에만 있어 줄게.
엄마가 너무 좋다던 우리 딸, 우리 다시 꼭 만나자.
사랑해, 사랑해, 사랑해. 영원히…….

권순범

그런데 엄마나 우리 아들이 그리운지
많이 웃었다.
김장을 할때면 옆에서 항상 간도
했었는데 우리 아들이 옆에 없으니
많이 힘 들었단다.
아들 큰누나는 사건감에서 일하면서
많이 안정이 되어가고 있고
작은누나는 호주 워킹 홀리데이로
1년 있는다고 갔는데 연장해서 더

사랑하는 우리 아들 순범아!

금쪽같은 내 새끼.
엄마 배 속에서 열 달을 품어 엄마 생일에 태어나,
온 세상에 아이는 엄마 혼자 얻은 것 같은 생각에
얼마나 가슴 벅차올랐는지 모른다.
아들 존재 자체가 소중하고 늘 큰 선물이었으며 행복이었단다.
아들이 엄마 배 속에 있을 때의 설렘과
널 낳았을 때 우렁차게 울던 울음소리와
동그란 눈을 깜박이며 엄마를 보던 눈길과
옹알이를 하던 작은 입,
첫 뒤집기, 첫걸음마 하던 모습이 기억에 생생하구나.
이 세상 그 무엇과도 바꿀 수 없는 우리 소중한 아들아!
험한 세상 속에서 사는 것이 버거워
몇 번이고 다 내려놓고 싶을 때
버틸 수 있게 해주던 우리 아들아, 미안하구나.
소중하고 귀한 내 아들아,
부족함 없이 키웠어야 하는데 그러지 못해서 정말 미안해.
부족한 살림에 투정 한 번 없이, 반항 한 번 없이,
용돈 달라, 뭐 해달라 조르는 일도 한 번 없었던 착한 내 새끼.
속 한 번 썩이지 않았던 속 깊은 내 새끼.
바쁘다는 핑계로 우리 아들에게
엄마 노릇 한 번 제대로 해주지 못한 것이 한이 되어
미안하다고 할 수도 없는 미련한 엄마이구나.
그깟 돈 몇 푼 벌어 보겠다고
우리 아들이랑 많은 시간 보내지 못해 미안하구나.
우리 아들 갖고 싶은 거, 하고 싶은 거

말도 제대로 못 하게 만든 것도 미안하구나.

부족한 집에 태어나서 고생만 시키고,

힘이 없고 가진 게 없어 아들을 지켜 내지도 못했구나.

엄마가 다 미안해, 아들아. 엄마가 잘못했어.

죄는 엄마가 다 지었는데, 왜 우리 아들을 먼 여행을 하게 했을까?

다 못난 엄마 탓이야. 미안하구나.

하루하루가 지날수록 숨이 막힌다.

누가 그러더라. 시간이 지나면 괜찮아질 거라고.

그런데 엄마는 그게 안 되는구나.

아들이 없는 세상은 사는 게 사는 게 아니더구나.

시간이 갈수록 이제는 알 것 같은데

되돌릴 수 없는 모든 게 너무나 원통하고 억울하다.

아들아, 너무 늦게 눈을 떠서 미안해.

언제쯤이면 순범이를 전처럼

"아들아, 내 새끼, 범아." 하고 불러 볼 수 있을까?

언제쯤이면 아들 떠올렸을 때에도 숨이 쉬어질까?

언제쯤이면 우리 아들 순범이를 만날 수 있을까?

그리운 내 아들, 단 한 번이라도 좋으니 만났으면…….

웃으며 문 앞에서 우리 아들을 맞이하고 싶다.

우리 아들이 좋아하는 반찬으로 따뜻한 밥상 가득 차려

밥이라도 한 끼 먹었으면 좋겠다.

언제쯤이면 다시 볼 수 있을까. 보고 싶은 내 아들 순범아.

그리운 내 새끼, 너무나 보고 싶구나.

아들, 엄마가 이번에 김장을 했단다.

그런데 얼마나 우리 아들이 그리운지 많이 울었다.

김장을 할 때면 옆에서 항상 간도 봐주고 했었는데

우리 아들이 옆에 없으니 많이 힘들었단다.

아들, 큰누나는 사진관에서 일하면서 많이 안정되어 가고 있고,
작은누나는 호주에 워킹 홀리데이로 1년 있겠다고 갔는데
연장해서 더 있기로 했어.
엄마는 하루하루 아들 생각하며 잘 견디려고 노력하고 있어.
사랑하는 아들아.
하늘에서 엄마 지켜보며 항상 응원해 줘.
지치지 않고 너희를 위해 끝까지 뚜벅뚜벅 걸어갈게.

2018년 2월 12일,
사랑하는 엄마가.

권지혜

이쁜이 지혜야!

그날 아침도 곤히 잠들어 있는 너를
보고 잘 갔다 오라고 한것이 마지막
될줄 알았더라면. 얼굴이라도 한번
쓰다듬어 줄것을 …

아빠는 예나 지금이나 엄청나게 후
하고 있단다.

지금 생각하면 더 잘해주고 사랑해
이뻐해 줄걸. 부모로써 강연한 일이

이쁜이 지혜야!

그날 아침도 곤히 잠들어 있는 너의 얼굴을 보고
잘 갔다 오라고 한 것이 마지막이 될 줄 알았더라면
얼굴이라도 한 번 쓰다듬어 줄 것을…….
아빠는 예나 지금이나 엄청나게 후회를 하고 있단다.
지금 생각하면 더 잘해 주고 사랑해 주고 이뻐해 줄걸.
부모로서 당연한 일이겠지만…….
우리 집의 애교덩어리였던 착한 딸이었기에
더욱더 안타깝고 간절하단다.
속 한 번 썩이지 않고 스스로 알아서 잘하던 우리 이쁜 지혜야!
이제는 널 볼 수 없다는 현실이 아직도 믿어지질 않는다.
아침에 눈을 뜨고 숨 쉬는 것조차도
우리 딸에겐 미안함을 느껴 본단다.
너를 지키지 못한 부모로서
너를 위해 할 수 있는 것이 아무것도 없구나.
어떻게든 왜, 뭣 때문에 그랬는지 꼭 진실을 밝혀 줄게.
약속해.
엄마, 아빠 결혼기념일 4월 16일이 이제는
우리 이쁜 딸을 추억하는 날이 되어 버렸네.
지혜야!
이제는 아파하지도 슬퍼하지도 말고,
친구들과 재미있고 즐거운 시간 보내길 바라.
그리고 엄마, 아빠, 언니도 잘 지켜봐 줘.
너무나 보고 싶고 안아 주고 싶은 내 딸 지혜야!
정말로 한 번 보고 싶구나.
꿈속에라도 한 번 나타나 "아빠." 하고 불러 줬으면 좋겠다.

이것이 아빠의 작은 바람이란다.

이대로 잊히는 것이 아닌가 걱정도 되는구나.

보고 싶다. 보고 싶다. 정말로…….

이쁜 딸 지혜가 있는 곳은 항상 봄이길 바랄게.

미안하고 미안하구나.

2018년 2월,

아빠가.

김건우

리 아들은   엄마의 큰아들 이니까..

 겨울이 지나면 아들과 만나는 아픈 봄이

 마 한테는 이제 계절이 슬픈 겨울과 아픈 봄

을

 도 엄마는 세월호를 쳐다보면서도 우리 아들이

 방을 보면서 오르가며 너의 사진을 소매로

 으면서도 실감이 나지 왔네.

아들.

엄마한테 와서 배고프다고 밥 달라고 해야지.
너무 오랫동안 엄마 기다리게 하는 건 아닌가?
아들, 여기는 어느새 또 추운 겨울이 지나가려고 몸부림을 치네.
요 며칠 목포는 정말 추워도 너무 추웠다.
오늘은 오랜만에 날씨가 조금 풀려서 눈이 녹는데,
쌓였던 눈이 세월호에서 뚝뚝 떨어지는 모습이
왜 그렇게 슬퍼 보이는지.
꼭 너희의 눈물이 떨어지는 것 같아서 마음이 너무 아프다.
아마 슬픈 겨울이 지나면서 아픈 봄이 오면
또 엄마랑 아빠가 얼마나 슬퍼할까 걱정이 돼서
우리 아들이 우는 건 아닌지…….
아들…… 슬프고 아픈 봄이 오려고 하는데,
여전히 엄마, 아빠는 아들 얼굴을 똑바로 쳐다보지 못하고 있네.
아무리 열심히 뛰어다녀도 여전히 아무것도 되지 않고 있네.
그래서일까. 아빠가 요즘 마음이 급해진 모양이야.
엄마한테는 말 안 하는데 아빠가 우리 아들이 너무 보고 싶은가 봐.
아들, 아빠한테 너무 급하지 않게
쉬엄쉬엄 하시라고 얘기 좀 해줄래?
아들, 엄마 나쁘지? 여전히 우리 아들한테 부탁만 하네.
우리 건우는 언제나 엄마가 얘기하지 않아도
알아서 다 해주니까…….
우리 아들은 엄마의 큰아들이니까…….
슬픈 겨울이 지나면 아들과 만나는 아픈 봄이 오겠구나.
엄마한테는 이제 계절이 슬픈 겨울과 아픈 봄밖에 없네.
아들, 아직도 엄마는 세월호를 쳐다보면서도,

우리 아들이 보내 준 가방을 보면서 오고 가면서도,

너의 사진을 소매로 쓱쓱 닦으면서도 실감이 나지 않네.

엄마는 아직 우리 아들 보내지 못하겠네.

그래서일까…….

슬퍼하지 않고 그저 우리 아들 돌아오기만 기다리고 있어.

아들…….

아들, 언제 올 건데? 올 거지?

아들 생일날 올 건가?

엄마가 맛있는 미역국이랑 우리 아들 잘 먹는 삼겹살,

그리고 또…… 그래 우리 아들 이제 맥주도 한잔해야겠지.

건우야, 정우도 제법 술을 잘 마신다.

우리 큰아들 주량은 얼마나 되려나? 엄마가 궁금하네.

우리 큰아들 키는 얼마나 컸을까? 정우는 많이 크지 못했어.

우리 아들, 항상 정우보다 조금 컸었는데…….

건우야, 아들. 우리 아들 엄마가 정말 보고 싶은데…….

어떡하지…… 어떡하지…… 어떡하지…….

어떻게 해야 할까?

어떻게 하면 좋을까?

김다영

다영아, 너의 책상에 앉아 있다.

책상위에 탁상달력은 2014년 4월에 그대로

놓여 있고, 책장에는 네가 열심히 살면서 김

살았던 흔적들이 가득하구나.

피아노 옆에 세워져 있는 기타, 많은 책들, 노트

일기장이 고스란히 눈에 밟히는구나.

금방이라도 이 방에 들어올것만 같은데 ...

눈에 생생하고 사무치는 그리움에 먹먹해 지

울먹해 지는 것이 ...

참으로 보고 싶다. 보고싶어 미친거 같어.

다영아, 너의 책상에 앉아 있다.
책상 위 탁상 달력은 2014년 4월에 그대로 놓여 있고,
책장에는 네가 열심히 살면서
꿈꾸면서 살았던 흔적들이 가득하구나.
피아노 옆에 세워져 있는 기타, 많은 책들, 노트, 일기장이
고스란히 눈에 밟히는구나.
금방이라도 이 방에 들어올 것만 같은데…….
눈에 생생하고 사무치는 그리움에
먹먹해지고 울먹해지는 것이…….
참으로 보고 싶다. 보고 싶어 미칠 거 같아.
그날 이후 우리 가족에게도 많은 변화가 있었다.
아직도 너의 빈자리를 메우지 못하고 방황하며
일상이 혼란스럽고 먹먹하게 흘러만 가는구나.
세상은 아무 일 없었던 것처럼 잘도 돌아가는 것 같은데 말이다.
우리 다영이를 포함한, 세월호에 탔던 많은 사람들의 꿈과 삶을
송두리째 빼앗아 가고,
그 가족들의 삶을 짓밟아 엉망으로 만들어 놓고,
삶의 의미를 잃을 정도로 아프고 살아갈 기력조차 없이
하루하루를 버티며 살아가고 있는데도
세상은 아무 일 없었던 것처럼 흐르고 있고…….
그래도 생각해 주는 사람들은 아픔을 가슴에 묻고
용기 내어 살아가란다.
참으로 냉정하고 무심한 세상임을 생각하니
더욱 참담한 생각이 드는구나.

그동안 많은 사람들이 너희의 어이없는 희생에
안타까운 마음으로 함께 공감하며, 그 희생이 헛되지 않도록 하고

진실을 밝히고 안전한 사회를 만들어야 한다는 생각으로
열심히 싸우며 함께하여 결국 촛불로 저항해
그 세력들을 물리쳤지만, 아직도 진실은 밝혀내지 못했어.
계란으로 바위 치기와도 같았던 싸움이
꿈쩍도 하지 않던 바위에 금을 내고 물꼬를 튼 것이지.
특별법을 만들고 특조위를 통한 진실 조사를 하려 했지만
온갖 수단과 방법으로 은폐하고 조작하고 방해하고,
진실을 밝히라 요구하는 엄마, 아빠들을 조롱하고 탄압하며
진실을 감추기에만 급급하고
거짓 논리로 국민과 피해자들을 속였지.
돌이켜 보면 세상은 참으로 상상을 초월하게 탐욕스럽고
생명 존중이나 인간 존중은 없었어.
야만적이고, 돈이면 뭐든지 할 수 있다는 천박함과
거짓, 사기가 만연한 사회에서 살아온 거였어.
우리가 거대한 악의 세력에게 속아서 살고 있었던 거야.
자신들의 탐욕을 채우기 위해 거짓 논리로 국민들을 속이며
자신들의 이익만을 추구했고, 그 결과로 너희가 희생된 거야.
그러니 진실 규명이나 책임자 처벌, 재발 방지를 위한 대책 따위는
애당초 안중에도 없었던 거야.
너희의 고귀한 삶과 꿈을 어이없게 빼앗고도,
그 가족들이 아파하고 힘들어하는 것도 전혀 아랑곳하지 않는
사악한 철면피 범죄 집단일 뿐이지.
다시 속에서 분노가 끓어오르는구나.
이런 악한 세상에서 너를 지켜 주지 못한
아빠가 정말로 미안하구나.
참으로 미안하고 마음속 깊이 우러나오는 서글픈 죄책감에
어떻게 말해야 될지 모르겠구나.

절대로 어른들을 용서하지 마라.

가련한 내 기쁨 딸 다영아, 집 안 구석구석, 동네 어디에 가도
너의 흔적이 아련하여 가슴이 아프고 슬퍼지는구나.
아빠랑 정답게 손잡고 거닐던 화랑유원지도,
함께 갔었던 관산도서관, 서점, 피자집, 마트도 그대로 있는데
어찌하여 너는 안 보이니?
아빠가 흰머리가 늘어도 염색도 안 해주고,
엄마가 마음 아파서 의욕 상실로 살고 있어도 챙겨 주지도 않고,
오빠들이 늠름하게 잘 자라서 열심히 살아가고 있는데도…….
이제는 예쁘고 귀여운 숙녀가 되었을 너의 모습이
아직도 교복 입은 모습으로만 기억되는 현실이
안타깝고 슬프구나.
참으로 슬프고 보고 싶구나.

다영아, 책상 위에는 오빠가 사줬던,
바다에서 돌아온 너의 시계가 아직도 돌아가고 있구나.
참으로 신기해서 믿기지가 않아.
깊은 바다에서도 살아서 숨 쉬다가
이렇게 돌아가고 있으니 말이야.
전에 너에게 말해 줬던 '긍정적 착각' 이야기가 생각나는구나.
이제 보니 그 이야기는 이 아빠한테 얘기한 거 같아.
살아 숨 쉬며 돌아가는 시계처럼,
다영이는 이제껏 계속 아빠 곁에 함께 있었던 거야.
아빠는 그렇게 믿고 열심히 삶을 살아 낼 거야.
"해야 함은 할 수 있음을 함축한다."
책상 위 메모 꽂이에 새겨 놓고 늘 다짐했었던 네 삶의 모토였지.

이젠 아빠가 이 말을 새기고 다짐하며 살아 보도록 노력할게.

부족하지만 있는 힘을 다해서 살아 볼게.

진실을 밝히고 사람이 존중받고 안전한 사회를 만들기 위해

할 수 있는 일이 무엇인지 고민하고 있어.

그래야 너에게 해주지 못했던 것, 너를 향한 죄책감을

조금이라도 덜어 낼 수 있을까 싶어서겠지.

우리가 사는 이곳이, 모든 것이 엉망이고 상식이 통하지 않고

당하고만 살 수밖에 없는 사기 공화국이지만,

그래도 희망을 보았기 때문이야.

그동안 정의롭고 안전한 사회를 염원했던

많은 선한 사람들과 함께 힘을 모아 노력해 볼게.

사랑하는 다영아,

미안하고 미안하구나. 참으로 미안하구나.

김도언

년 생일날에는 도언이가 좋아하는 분홍색
2월초부터 분홍색 철쭉 꽃이 꽃봉우리가
작하면서 조금씩 조금씩 벌어지더니 철쭉
었단다. 12월 8일 도언이 생일날에 ‥‥‥
옥 도언이가 엄마 품에 온 것 같았단다.
언이의 숨결. 손길. 웃음소리. 발걸음소리 아
마. 사랑해" 소리가 자꾸 들린다.

게 갓부쳐럼 뽀얀 살결. 기분 좋을때 주는

"도언이, 나 여기 있어요"

돌아보니 애기가 사라지고 없다.
순식간에 흔적도 없이 사라져 버렸다.

어디에 있는 걸까? 어디로 사라진 걸까?

1층, 2층, 3층, 4층, 5층……
땀을 훔치며 이리저리 뛰어다닌다.
애기를 찾을 수 없다.
눈앞이 캄캄해진다.

"딩동댕.
이름은 김도언, 나이는 세 살…….."
한걸음에 달려갔더니
아주 해맑게 웃는다.

도언이가 울지 않고 예쁘게 말했어요.
"엄마를 잃어버렸으니 방송해 주세요."

이렇게 또 이렇게
얘기해 주었으면 좋겠다.

딩동댕.
도언이, 나 여기 있어요…….

똘망똘망 도언이를 생각하며.

동글동글 동글이 김도언, 김구 선생, 김도깡, 나무늘보,
잠만보, 이쁜 공주…… 애칭도 너무 많은 이쁜 애기야.
2018년 따스한 봄날이 다가온다. 곧 하얀 민들레꽃이 피겠지.
민들레 줄기를 마주 잡고 애기랑 엄마랑 볼에 잔뜩 바람 불어넣어
'후우' 하고 불어야 하나하나 민들레 홀씨가 바람을 타고 흩어져
온 세상에 예쁜 꽃을 피울 수 있을 텐데.
이쁜 애기는 엄마 곁에 없구나.

4월에는 애기랑 엄마랑 벚꽃 아래에서
폴짝폴짝 뛰며 사진 찍어야지.
5월에는 수학여행 다녀와서 튤립 축제 가기로 했으니
튤립 보러 가야지. 야간 개장으로.
어버이날에는 엄마, 아빠 가슴에 빨간 카네이션도 달아 줘야지.
6월에는 14박 15일 크루즈 여행 가기로 했잖니…….
2013년 엄마 강의 일정 때문에 예약했던 크루즈 여행 못 가서
도언이가 속상해해서 2014년 가기로 했었지.
7월에는 휴가철이니까 애기랑 엄마랑 같이 다니던 네일숍에
네일아트 하러 가야지. 깜찍이 캐릭터로 하자.
8월에는 이모들이랑 물놀이 가야지. 이모부랑 오빠들이랑
물고기도 잡고 매운탕도 끓여 먹고 다슬기도 잡으러 가야지.
9월에는 애기랑 엄마랑 아빠랑 영화 보러 가야지.
우리는 애니메이션 영화도 보러 다녔잖아.
10월에는 알록달록 형형색색 물드는 단풍 구경 가야지.
오빠들하고 단풍 흩날리면서 장난도 쳐야지.
11월에는 한국은 추우니까 해외로 여행 가기로 했잖니.
해외여행 가자꾸나. 2014년은 두 번 해외여행 가기로 했으니
족족 약속 지켜야지.

12월에는 이쁜 공주 김도언 생일이네. 항상 도언이 생일날은
친구들하고도 들썩들썩, 이모네하고 다 같이 모여
안산이 들썩이도록 생일잔치했으니 올해도 선물도 듬뿍 받고
사랑도 듬뿍 받는 생일잔치 하자꾸나.

이쁜 공주 김도언…….
작년 생일날에는 도언이가 좋아하는 분홍색 꽃이 피었단다.
12월 초부터 분홍색 철쭉꽃 꽃봉오리가 쏘옥 올라오기
시작하면서 조금씩 조금씩 벌어지더니
철쭉꽃이 활짝 피었단다.
12월 8일 도언이 생일날에,
꼭 도언이가 엄마 품에 온 것 같았단다.
도언이의 숨결, 손길, 웃음소리, 발걸음 소리와
애교 섞인 목소리로 "엄마, 사랑해." 소리가 자꾸 들린다.
애기 피부처럼 뽀얀 살결, 기분 좋을 때 추는 엉덩이춤……
하나도 빠짐없이 엄마는 다 기억하고 있단다.
엄마랑 "언제나 같이 있고 영원히 같이 살고 싶다."고 했던
이쁜 공주 도언아…….
도언이와 엄마는 '하늘이 주신 인연'이란다.
그 어떤 것으로도 하늘이 주신 인연을 끊을 수는 없단다.
이렇게 또 이렇게…… 들렸으면 좋겠다.

딩동댕.
도언이, 나 여기 있어요…….

김동영

ㅏ~ 너가없는 네번째 생일이
거짐없이 다가오는구나.
브비롭고 설레였던 너와의 첫만남
로롯이 남아있는데 정작 내맢에
는 노랑나비가 되어 너무 멀리멀리
리는구나.
　　　좋은곳으로 날아가렴 아가야
리움을 머금은 추억은 엄마가 간직하고
998년 2월 27일 밤9시

아, 네가 없는 네 번째 생일이 또 어김없이 다가오는구나.

신비롭고 설레었던 너와의 첫 만남은

기억 속에 오롯이 남아 있는데

정작 내 옆에 있어야 할 너는 노랑나비가 되어

너무 멀리멀리 날아가 버리는구나.

좋은 곳을 날아가렴, 아가야.

그리움을 머금은 추억은 엄마가 간직하고 있을게.

1998년 2월 27일 밤 9시.

2.7킬로그램으로 다른 아이들보다 작게 태어난 너.

까만 피부에 주름도 많아서 사실 처음엔 살짝 실망했었지.

그러다 미안한 생각이 들었어.

엄마가 잘 몰라서 배 속에서 5일 동안을 아프게 만들었거든.

그래서 몸무게도 줄고 어쩔 수 없이 수술에 들어갔지.

병원에서 퇴원하던 날, 널 안는 것은 서툴렀지만

신기하고 가슴 벅찬 그 느낌은 잊을 수가 없단다.

여자아이처럼 예쁘게 자라 다들 딸이냐고 물었어.

예민하고 잘 먹지도 않고

백일 때까진 새벽녘이 되어서야 잠이 들곤 했지.

너무 힘들고 화가 나 엉덩이를 때린 기억도 나네.

그렇게 무럭무럭 자라 크게 아프지 않고 커주어서

'항상 감사합니다.' 했는데…….

채영이랑 16개월 차이.

많이 안아 주지 못할까, 사랑이 부족하진 않을까 싶어,

엄마 나름대로 동영일 더 챙긴 것 같지만,

그때를 되돌아보면 화내고 혼내고 매를 든 기억이 더 크게 남아.

미안해, 동영아.

어린 나이에, 엄마 일한다고 동생 챙기느라

친구들과 더 많이 못 놀게 한 것도 미안해.

동영이 좋아하는 것 많이 못 먹이고

갖고 싶은 것 사주지도 못하고…….

엄마 힘들까 봐 많이 양보하고 배려한 것도 알아.

그래서 또 미안해.

중학생이 되어 교복 입은 너를 보면서

얼마나 뿌듯하고 대견했는지…… 정말 귀여웠어.

고등학생이 되어 입은 교복은 또 다른 느낌이었단다.

믿음직하고 멋있고…… 키는 작았지만 말이야.

네가 없는 생일잔치.

어디 하나 손댈 데 없는 아이라던 선생님 얘길 들으면서

왜 그렇게 눈물이 나고 화가 나던지.

이렇게 예쁘게 커주었는데 하늘은 왜

내 아이를 지켜 주지 않았을까.

원망, 한숨, 분노.

가슴에 담기는 게 이런 감정들뿐이었어.

17년의 짧은 삶이 너무 억울하고 너무 아프다.

생각하면 생각할수록…… 엄마라서, 어른이라서 미안해.

나이 먹고 몸집이 크다고 다 어른이 아님을…….

어른이 어른답지 못한 생각과 행동으로,

내 아들딸을 일찍 어른으로 만든 후회가 밀려오는 밤.

동영이가 꼭 사온다던 제주감귤,

달달하고 탱글탱글한 너를 닮은 그 맛이 많이 그리운 밤.

동영아 뭐 해, 자?

엄마 옆에 와서 팔베개하고 누워 봐.

우리 할 얘기 많잖아.

그러다 잠들면 깨지 않는 꿈의 나라에서

남은 인연을 꼭꼭 붙잡아 보자.

고맙고 미안하고 사랑하는 아들,
내 아들 동영이에게 엄마가.

아이들의 이름이 아픔과 눈물로만 기억되지 않고
대한민국이 안전한 나라로 가는 그 길에
아이들 하나하나의 이름이 분명하게 기억되기를 바랍니다.

김동혁

리가족들, 하고싶 학교지킴이를 아빠와 함께
면 기분 좋아하며 잇몸을 드러내며 싸익 웃던
리 미소를 더는 볼 수 없음에 가슴이 아프단다.
지찌개, 만두, 순대소곱, 조선파이를 즐겨먹던
물어 보송보송했던 김동혁을 우리는 너무
고싶단다.
이이낳이 잇으면 언젠가 떠남도 잇는 우리들의
생이지만 너가 아빠보다 엄마보다 건저
상을 떠날 줄 상상도 못했던 일이라

To. 김동혁.

아들아, 잘 지내니?
해가 뜨고 지고, 꽃이 피고 지고, 계절이 다시 오는데
허망히 우리 곁을 떠난 너는 어디에도 없구나.
하지만 숨 쉬는 생활 속에서 너를 기억하고 찾고 그리워하며
분한 맘에 목이 멘단다.
단원고로 배정받아 모두 즐거워하며 파티를 한 우리 가족들,
하굣길 학교 지킴이를 아빠와 함께 가면 기분 좋아하며
잇몸을 드러내며 씨익 웃던 너의 미소를 더는 볼 수 없음에
가슴이 아프단다.
김치찌개, 만두, 두부조림, 초코파이를 즐겨 먹던,
솜털이 보송보송했던 김동혁을 우리는 너무 보고 싶단다.
태어남이 있으면 언젠가 떠남도 있는 우리 인생이지만
네가 아빠보다 엄마보다 먼저 세상을 떠날 줄
상상도 못 했던 일이라 엄마, 아빠는 너 없는 하루하루가
아직도 익숙해지지 않는구나.
너의 성장으로 접할 수 있는 많은 경험과 추억을,
이제는 이룰 수 없는 꿈으로만 만나야 하는데 그게 안타깝구나.
이 땅에서의 네 짧은 삶이 너에게는 어땠을까?
힘들지는 않았는지…… 얼마나 힘들었을까?
그런 생각들…….
지독히도 착했던 나의 새 아들…… 김동혁.
허망해진 아빠의 눈에서 흐르는 눈물에서,
엄마는 소중했던 너를 또 보게 된다.
교회 한구석에서 예배를 보고 주일을 함께했던 우리 가족이
이제 너는 하나님 곁에 있을 거라 믿고 있어.

하나님을 믿고 착하게만 살다 간 너였기에
너를 예배 중에도 부르게 된다.

동혁아!
여행 가기 전날 네가 듣고 싶었던 말,
"아들아, 사랑해."
그 말을 이제야 한다. 사랑한다, 내 아들…….
그곳에서 편히 쉬고 있으렴.
네가 꿈꾸던 행복한 가정, 꼭 그렇게 살지는 못해도
엄마, 아빠는 하나님의 자녀로 선함을 행하고
또 서로를 돌보는 삶을 지키며 살아가다가
때가 되면 너를 만나러 갈게.
이 땅에 남겨진 숙제를 할게.
너를 이렇게 허망히 보내게 만든 이 잔인한 세상이
스스로를 드러내고 반성하는 변화를 보기 위해 노력할 거야.
동혁아, 지치지 않게, 포기하지 않게 네가 지켜봐 줘.
사랑한다, 김동혁.

2018년 2월 13일,
엄마가.

김동현

오손도손 팔짱끼고 미소사며 이야기하며
걸어오는 엄마와 아들!
집앞도로를 달리는 자동차와 요란스런 소리를
내며 달리는 할아씨의 오토바이 ....

여기 저기 몰려다니는 빨갛 않은 남학생들
바라본 먼저 몽끄려비 쳐다보며 아들모습에
잠시 젖어 본다. 사람들 세상의 모든
것들을 면하기 싫고 하루하루 반복을
되새김질하며 사건을 느끼며 ...게 세천이

아들, 안녕!

세월이라고 표현해야 맞는 걸까,
말없이 조용히 흐르는 시간이라고 표현해야 맞는 걸까?
길거리에는 유모차를 타고 있는 어린아이와
골목골목마다 "엄마." 하고 부르는 아이들의 소리.
오순도순 팔짱끼고 미소 지으며 이야기하며 걸어오는
엄마와 아들!
집 앞 도로를 달리는 자동차와 요란한 소리를 내며 달리는
알바생의 오토바이…….
여기저기 몰려다니는 교복 입은 남학생들을,
발걸음 멈춰 물끄러미 쳐다보며 아들 모습에 잠시 젖어 본다.
이렇듯 세상의 모든 것들은 변하지 않고
하루하루 반복을 되새김질하며 시간을 느끼며 사는 게 세월이다.
모든 것은 그 자리 그대로인데 4년이라는 세월에
원점인 그 자리에 텅 빈 마음뿐이다.
아침 출근길에 뜨는 해가 눈부셔 하늘을 바라보면
환하게 미소 지으며 웃고 있는 아들.
노을이 지는 석양을 바라볼 때, 밤하늘 초승달을 바라볼 때도,
맑은 하늘에 별들이 반짝반짝할 때도 환하게 웃고 있는 아들!
어디선가 피자 냄새 폴폴, 발걸음 멈춰 쳐다보면
가족들과 연인들이 행복하게 먹고 있는 모습.
용돈 모아 좋아하는 스파게티를 사먹던 아들 모습을
살며시 그려본다.
가는 곳곳마다, 발걸음 닿는 곳마다 엄마와 한 몸이 되어
한시도 떨어지지 않는 내 아들 김동현!
동현아, 동현아, 어디서든 자유로이 잘 지내고 있지?

엄만 믿고 있단다.

아들이 환하게 웃고 있는 얼굴을 늘 보여 줘서

하루하루 열심히 살고 있지…….

아들은 엄마의 희망이자 소망이었기에, 힘든 만큼 힘을 얻으며

하루를 마지막으로 생각하며 최선을 다한단다.

이 생애 잘 살다가 나중에 아들 만날 때 꼭 이 말을 하고 싶어.

"아들! 엄마 잘 살았지?" 하고…….

아들 안고 토닥토닥…….

천 번을 불러도, 여기저기 돌아봐도

"엄마, 엄마, 엄마." 부르는 아들 목소리만 들리는구나!

나중에, 나중에 엄마 만날 때 마중 나오렴!

이 가슴 터지도록 안아줄게. 약속!

엄마의 그림자였던 아들…….

마지막 문자로 나누던 "엄마 사랑해요."

이 말을 입이 닳도록 읊는단다.

엄마도 아들 사랑해.

만날 때까지 조금만 참고 기다리자.

동현…….

김민수

아빠가 심심하다고 놀아달라고
장난하던 그대로 이제는 다시
오지 않겠지만.
 실패야 한다고 같이 뛰넘기도
이제는 하지 못하겠지만.
네 생일이면. 세월이 흘러도
18개의 촛불만 변함없이
불어야 하겠지만.
 눈물이 앞을 가린다.

민수야!

안녕. 아빠야.
네 이름을 부르면
울컥 솟아오르는 그리움 때문에
눈물이 앞을 가린다.
변함없이 많이 사랑하고,
많이 보고 싶고, 많이 그리워진다.
이제 내가 추억으로만
너와 소통을 해야 한다는
이 참담한 현실.
또 한 번 오열하고 만다.
네가 없는 그 방에,
이제는 그 꼬릿꼬릿한 냄새마저 사라져 버리고…….
그리움의 향수로 남아 버린 체취를 느끼고 싶어.
눈감는 날까지 그리워하고 또 그리워하고
또 그리워해야 할 사랑하는 민수야!
아빠가 심심하다고 놀아 달라고 장난하던 그때도
이제는 다시 오지 않겠지만,
살 빼야 한다고 같이하던 줄넘기도
이제는 하지 못하겠지만,
네 생일이면 세월이 흘러도
열여덟 개의 촛불만 변함없이 불어야 하겠지만…….
눈물이 앞을 가린다.
이제는 정말 참을 수 있다고 생각했는데 맘대로 되질 않네.
민수야, 사랑해.
아빠, 엄마 꿈속에 나타나서

사랑한다고 말해 주고 가지 않으련?

우리도 눈물 나게 사랑했다고 말해 주고 싶다.

사랑하고 보고 싶고

사랑하고 또 보고 싶다.

사랑하고 또, 또 보고 싶다.

이 말밖에는 생각나지 않는 밤이다.

민수야!

사랑해.

사랑해.

사랑해.

내 사랑아,

안녕.

아빠가.

김민지

그래도 꼭 아빠 한번 만나줘야 한다.
그앤, 우리딸 김민지가 원하는거 하긴 싫은거
다 할수있게 아빠가 약속할께
민지야 다음에 또 편지할께 오늘은 이만
안녕...

너무너무 사랑하고 미치도록 보고싶은 그리운
내딸 김민지 사랑한다.
사랑해 김민지

사랑하는 아빠

내 딸 민지에게.

꽁민지, 그곳에선 잘 지내고 있는 거지?
우리 딸한테 편지는 처음 쓰는 거 같네.
꽁민지는 가끔 아빠한테 편지와 쪽지를 써서 주곤 했는데…….
민지야…… 네가 아빠 곁을 떠난 지도 벌써 4년이 다 되어 가네.
우리 이쁜 딸 꽁민지.
아빠 항상 우리 딸이 작다고, 콩만 하다고
"꽁민지, 꽁민지." 하고 불렀는데…….
민지야, 아빠 아직도 우리 민지 생각만 하면
눈물이 쏟아져서 견딜 수가 없다.
우리 민지도 아빠랑 같은 마음이겠지?
민지야, 아빠가 미안해. 정말 미안해.
그렇게 강아지 키우고 싶다고,
보컬 학원 보내 달라고 했는데
못 해줘서 정말 미안해.
지켜 주지 못해서 또 미안하다.
우리 꽁민지.
그치만 가끔이라도 꿈에서라도 우리 민지 만나 보고 싶다.
민지야, 정말 너무 보고 싶고 그립다.
우리 꽁민지, 우리 다시 만나는 날까지
행복하게 즐겁게 우리 민지 하고 싶던 거,
강아지도 키우고 고양이도 키우고,
우리 민지, 아빠와 오빠를 위해 노래도 부르고
그렇게 잘 지내고 있어야 돼.
우리 딸 꽁민지, 아빠가 널 만나러 갈 때까지……
그때도 꼭 아빠 딸로 만나 줘야 한다.

그땐, 우리 딸 꽁민지가 원하는 거, 하고 싶은 거
다 할 수 있게 한다고 아빠가 약속할게.
민지야, 다음에 또 편지할게. 오늘은 이만 안녕······.
너무너무 사랑하고 미치도록 보고 싶은 그리운 내 딸 꽁민지.
사랑한다.
사랑해, 김민지.

사랑하는 아빠가.

김범수

2014, 4,16 그날을 잊지않을께

09:50분 17분 (1등동화 봤음)

아빠 손과 같이~ / 동화 끝나면

아빠가 말로 못했던 그날, 그날, 그날을

사랑한다. 아들 범수야 (깄껐,껐,똥같음)

다시 만날때까지 열심히 살다갈께...

그때쯤~ 우리가족 웃으면서 행복하게살자

가 깨끗했던 과목 (영어) ♡

I Love Beom Soo

너무나 보고 싶은 작은 왕자에게.

범수야! 계절이 여러 번 바뀌면서 세상은 변했지만,

우리 가족들은 서로 힘 보태면서 잘 치유 중이란다.

입춘이면 봄의 문턱인데…… 한파에 강풍에 일부 지역은

대설주의보 등 이상 기온으로 날씨를 종잡을 수는 없지만,

치료 잘 받고, 강하게 버티면서 조금씩 조금씩 호전되고 있어.

지난 5월, 고잔신도시 네오빌아파트 이사 온 지 10개월째…….

안산이 아들의 고향이고 곳곳의 흔적들이 추억이며,

땀과 손때 묻은 생활 지역이기에

쉽사리 아빠 고향 대전으로 떠날 수 없었어.

아빠가 모처럼 아들이 쓰던 책상에 앉아 편지 쓰는데

아들은 없고, 빈 공간이 너무 슬프네.

유리판 밑의 시간표, 책꽂이, 사전, 만화 소설들,

작은 명함 사진 한 장이 아빠의 속 타는 맘을 주시하건만…….

책꽂이 모퉁이에 초등학교 때 연필로 쓴 범수 이름이

눈에 띄어 생각도 문득문득 나고…….

주변에는 재개발로 고층 아파트들이 한창 공사 중이야.

그래도 추억이 있었던 학창 시절 고잔동의 동화연립, 창동연립,

명성유치원, 단원중, 단원고, 동아태권도, 고잔교일[학원],

장원보습학원, 원고잔[공원], 화랑저수지, 친구들의 만남 장소,

중앙동, 고잔초, 피시방 등…….

컵라면 사 들고 집에 와서 더운 물 담아 갔던 친구들의 모습…….

아, 슬프도다. 밤하늘의 아름다운 별…….

어려서 치아 관리 때문에 많이 신경 썼지만,

부정교합이라 중학교 때부터 교정술 5년여…….

치아끼리 교정 일정, 주기별로 쪼여서 아프다고 진통제 먹던

어린 시절 고통들이 한순간 아빠의 뇌리를 문득 스쳐 가네.
그곳에선 더 이상 고통이 없기를, 아들…….
아빠가 시골 놈이라서 나무를 좋아하는데,
도시에서 살다 보니 화분을 좋아하게 되었어.
고잔초, 환경 심사 때 가져갔던 고무나무가
이젠 우리 집의 애지중지 보물 1호.
오래 살아 있는 식물이라 추억이 남은 화분 잘 관리할게.
이젠 아들의 친구들도 대학교 3학년…… 일부 친구는 입대했고,
특히 친했던 홍주는 안산공고에서 전국기능대회 수상해
수원의 로봇 제작 회사 연구팀에 곧바로 취업해,
지금은 병역 특례 받으면서 잘 다니고 있어.
끝나면 야간대학교에 간다고 열심히 다녀.
지난번에는 홍삼 엑기스도 선물로 줘서 아빠가 잘 먹고 있지.
그래서 추운 날에도 면역력이 강해졌나 봐.

아직도 세월호 참사 진상 규명, 책임자 처벌, 적폐 청산을 위해
시민들, 학생들, 각 지역 단체, 조직이 국내외에서 함께하며
잊지 않겠다고 각자의 위치에서 리본도 만들어 나누고,
길거리 피케팅, 공연, 연주, 봉사 활동 등
안전한 나라에서 살기 위해 힘을 보태고 있어.
할아버지 칠순 때 대전 중구 어남동 봉석골[봉수골]의
단재 신채호 선생 생가에 들러 사진도 찍고 주변을 둘러보았었지.
아들아, "역사를 잊은 자 미래는 없다."
꼭 진실이 승리하는 그날이 올 거라 믿으며 행동하고 있어.
아직도 트라우마로 약물 치료 중인 엄마가
뒷날이라도 완쾌되어 가족 간 소통이 된다면
아빠의 형제, 남매들 간에 더 왕래도 하고

친척들 간에도 예전의 행복했던 모습으로 되돌리고 싶어.

지금 세상은 강한 자에겐 약하고, 약한 자에겐 강한, 즉 가만히

있으면 아무것도 안 되고, 오히려 손해를 보는 아주 나쁜 사회.

있는 자의 갑질을 빨리 뿌리 뽑아 모두가 안전한 나라에서

다 함께 행복하게 살 수 있는 조건과 기초가

우리 4·16 피해자 가족과 연대하는 시민들이 추구하는

궁극적인 목표이건만 힘이 약하다 보니 시간이 지체되고,

자꾸 분열되게 만드는 썩은 정치꾼들의 못된 적폐들…….

아빠는 정치가도 아니고 선량한 회사원이었건만,

이젠 그나마 작년에 퇴직하고, 개별 용달 화물 구입해서

4개월째 운행하고 있어.

주변 지인들 도움으로 배우고 노력해서

안전 운전 하면서 열심히 일할게.

이곳은 걱정 말고, 꼭 꿈에서도 자주 만나자.

2014년 4월 16일. 그날을 잊지 않을게.

09:10~17 (1분 통화받음)

마지막 말 "아빠, 살아서 갈게……." (통화 끊어짐)

아빠가 말로 못 했던 그 말, 그 말, 그 말은

사랑한다. 아들 범수야. (김범, 범, 똥깔놈)

다시 만날 때까지 열심히 살다 갈게…….

그때는 우리 가족 웃으면서 행복하게 살자.

범수가 제일 잘했던 과목(영어).

"I Love Beum Soo."

2018년 2월 4일 일요일,

아빠가.

김상호

...하는 아들 상호야.

...라고 써야 할지 모르겠다.

...아 생전에 한번도 안쓴 편지를 이세상끝 없으니

...아니 말해다-

...미랑 아빠 동생들은 그럭저럭 잘지내고 있단다.

...다 .

...은대서 편하게 잘기운 걸로 믿는다.

...호 얼굴 못 본지가 벌써 내년이 다 되 가는구나.

...호야 미안하다.

...한테 미안한게 너무 많아서 말로 다 못할거같다.

사랑하는 아들 상호야.

뭐라고 써야 할지 모르겠다.

살아생전에 한 번도 안 쓴 편지를,

이 세상에 없으니 써야 하니 말이다.

엄마랑 아빠, 동생들은 그럭저럭 잘 지내고 있단다.

상호야.

좋은 데서 편하게 잘 있을 걸로 믿는다.

상호 얼굴 못 본 지가 벌써 4년이 다 되어 가는구나.

상호야, 미안하다.

너한테 미안한 게 너무 많아서 말로 다 못 할 거 같다.

남들처럼 평범한 가정에서 못 살게 해줘서 미안하고,

너한테 너무 많은 일들을 겪게 해서 미안하고,

동생들이라는 무거운 짐을 줘서 미안하고,

아빠 노릇을 제대로 못 해서 미안하고,

수학여행을 보내서 미안하고,

무엇보다도 널 못 알아봐서 미안하고,

잠시라도 널 잊고 살아서 미안하고,

좁은 곳에 너무 오랫동안 놓은 것 같아 미안하다.

미안하다.

미안해.

정말로 미안하다.

상호야, 아빠는 항상 그렇듯이 네 편이다.

내가 누굴 위해서, 무엇 때문에 세상을 살겠냐?

아빠는 항상 너희를 지켜야 한다고 생각하고 살았는데…….

너를 잃고 나니 '지키지 못했구나.' 하는 생각이 든다.

상호야.

너랑 나랑은 말을 안 해도

무슨 생각을 하고 있는지 알 거라 생각한다.

좁더라도 조금만 참고 기다리고, 멀리서라도 우리 가족들

살고 있는 거 보고 행복하게 지냈으면 좋겠다.

지금도 앞으로도 죽을 때까지 너를 포함해서 가족들,

아빠가 꼭 지킬게.

떳떳하게 네 앞에 갈 테니깐 그때까지 변하지 말고 기다려.

상호야…….

너무 보고 싶다. 너무 보고 싶어서 미치도록 괴롭다.

상호야, 상호야, 김상호 우리 아들 보고 싶다.

김수경

아직도 믿어지질 않아.
시간이 지날수록
그리움은 더 커지는데
기억은 점점 흐려지는 것같아
마음이 너무 아프단다.
엄마의 유일한 버팀목이자
언제나 엄마편이 되어주던

보고 싶은 내 딸 수경아.

유난히 춥고 길었던 올겨울 한파도 봄의 기운에 밀려나고 있구나.
너를 보낸 지 어느덧 4년이라는 시간이 흘렀지만
금방이라도 "엄마." 하고 부르며 문을 열고 들어올 것만 같은데…….
너 없이 이 세상을 살아가고 있다는 게 아직도 믿어지질 않아.
시간이 지날수록 그리움은 더 커지는데
기억은 점점 흐려지는 것 같아 마음이 너무 아프단다.
엄마의 유일한 버팀목이자, 언제나 엄마 편이 되어 주던 내 딸아.
꿈속에서라도 널 만지고 안아 주고 싶은데
요즘엔 꿈속에서조차 널 볼 수가 없어.
너의 모든 것이 그립고 그립구나.
사고 이후 모든 것이 엉망진창이 되었지만
이제는 오빠도 동생도 제자리를 찾아가려 노력하고 있어.
엄마도 세상을 향해 나아가려고 해.
그래야 우리 수경이가 하늘나라에서 웃으며 지켜볼 것 같아.
2014년 4월 16일.
잊을 수 없는 그날의 기억.
널 지키지 못한 엄마는 늘 죄인이구나.
4년이라는 시간이 흘렀지만 진실을 밝히기엔
아직도 더 많은 시간이 필요한가 보다.
너희 희생이 헛되지 않도록 노력할게.
세상 그 무엇과도 바꿀 수 없는 내 딸 수경아,
너무너무 보고 싶다.

수경이를 사랑하는 엄마가.

김수빈

엄마가 100배 행복하면
수빈이는 200배 행복할거라고
했던 말 " 꿈 속에서

엄마한테 큰 웃음주는 딸이었지.
너무 고맙고.
그래서 더 많이 행복하려고 한다
아들

사랑하는 아들 수빈이.

가끔 쓰는 편지인데……. 작년에 쓰고 올해 또 편지를 쓰는 것 같아.

세월 참 빠르게 지나간다. 그치?

올겨울이 유난히 춥다, 엄마는. 너는 어떠니?

봄, 여름, 가을, 겨울…… 지금 2월.

겨울도 다 지나가고 다시 봄이 오겠구나.

방학도 끝나 가고 다시 새 학년, 새 학기 기다리며 지내고 있는

동생 수지, 친구들……. 기쁨도, 슬픔도, 설렘도 함께.

수빈아! 요즘 울 가족 행복하다. 너도 알지? 특히 수지가 젤 좋아해.

우리 집에 새 식구가 들어왔거든. 귀염둥이 동생 '땅콩'이.

너무너무 예쁜 강아지야. 귀엽지?

그래서 요즘 울 가족, 요 녀석 때문에 해피해. 너도 해피하지?

우리 집에 매일매일 웃음꽃이…….

사랑하면서 행복하게 오래오래 살 거야.

땅콩이 보고 있지? 동생 땅콩이 예뻐해 줘.

엄마, 아빠, 수지 마음 알지?

각자 위치에서 행복하고 하고 싶은 일 하면서 잘 지내고 있어.

엄마가 1백 배 행복하면, 수빈이는 2백 배 행복할 거라던 말…….

꿈속에서 엄마한테 큰 용기 주는 말이었지.

너무 고맙고, 그래서 더 많이 행복하려고 한다, 아들.

엄마가 아들한테 줄 수 있는 선물이니까.

고맙고, 아들 수빈이 사랑해.

내년에는 우리 여행 가서 만나자.

2018년 2월 10일,

엄마가.

김수정

별이 되어 내 심장에 새겨진
사랑하는 나의 분신.
사랑하는 나의 영원한 크리스탈.
한번만.
딱 한번만 안아 줄수 있었으면.

사랑해 수정아 !

- 아빠가 -

사랑하는 나의 분신.

영원한 크리스털.

꽃피는 계절이 너무나 힘들고 괴롭다.

너를 향한 그리움은 점점 더 커져만 가는데

너에 대한 기억이 흐려질까 두려워,

오늘도 품속에 고이 간직한 곱디고운 사진을 어루만지며

너의 모습을 가슴에 새겨 본다.

보고 싶어 견딜 수 없어 옥상에 숨어서

소리 죽여 가슴으로 울 때에 복받치는 설움에

꺽꺽거리기를 수백 번.

미안해. 보고 싶어.

아프다. 숨을 쉰다는 것조차…….

심장이 뚫린다 한들 이보다 더 아플까.

네가 가진 모든 것을 사랑하고 소중하다 했던 그 고운 마음.

대나무 숲의 바스락거림을 좋아했던

사랑하는 나의 크리스털.

너를 향한 그리움으로부터 영원히 자유로울 수 없겠지만,

많은 시간이 흐른 후에 널 그리워할 때에는

슬픔보다는 미소로 너를 기억할 수 있었으면 좋겠다.

지난 시간을 되돌아보면 모든 것이 후회로 남는다.

착하고 고운 너였기에 모든 게 어른스러워 욕심도 없는 줄 알았지.

하지만 나만의 착각이었음을 알았고

그것이 지금은 비수가 되어 내 가슴을 찌른다.

조금만 더 일찍 알았더라면

하고 싶은 모든 것, 갖고 싶은 모든 것, 다 해줄 수 있었을 것을…….

너 없는 지금 이 순간이 꿈이었으면. 그냥 현실처럼 생생한 꿈.

짧았던 우리 인연, 다음 생에 우리 딸로 다시 찾아와 준다면
이번 생에 못다 해준 모든 사랑을 다 해줄 수 있는데.
그런 행운이 나에게 찾아오길 간절히 바라본다.

수정아!
꼭 기억해 줘.
너를 처음 사랑한 사람도,
너를 가장 오래 사랑한 사람도
엄마랑 아빠라는 걸.
언제나 내 곁에 함께 있다는 걸 알지만
그래도 보고 싶다.
그립고, 보고 싶고, 서럽고, 미안하고,
내 딸이어서 고맙고 사랑해, 아주 많이.
네가 날 필요로 할 때 내가 널 찾아갈게.
시린 가슴으로 애틋한 그리움을 안은 채
또 하루를 보낸다.
땅에서 올려다보기만 했던 하늘을
이제는 하늘에서 내려다볼 그날을 기다리면서…….

별이 되어 내 심장에 새겨진
사랑하는 나의 분신.
사랑하는 나의 영원한 크리스털.
한 번만,
딱 한 번만 안아 줄 수 있었으면.
사랑해, 수정아!

아빠가.

김수진

사랑을 듬뿍 받고 이쁘고 착하게
잘 자라준 사랑스러운 아이였지
하지만, 지금은 왜? 우리 가족들
곁에 없는거니 왜? 볼 수가 없는거니
왜? 만질 수 없는거니 왜? 너의 체취를
맡을 수 없는거니
아빠는 심장이 너무 아프고
애간장이 끊어지는구나
사랑스러운 우리집 막내딸
보고싶고, 보고싶고, 또 보고싶다.

이쁘고 사랑스러운 우리 집 막내딸 수진아.

기억이 잘 나지 않는다. 2014년 4월 16일의 기억이 잘 나지 않는다.
이유를 모르겠다. 아직도 옆에 있을 것만 같은데.
야자[야간 자율 학습] 끝났으니까 버스 정류장으로
시간 맞춰 마중 나오라고 카톡이 올 것만 같은데…….
예부터 셋째 딸은 시집갈 때 얼굴도 안 보고 데려간다는 말처럼,
뚜렷한 이목구비에 소처럼 큰 눈을 가지고 태어난,
우리 집의 이쁜 귀염둥이 막내딸 수진이.
엄마, 아빠와 두 언니들의 사랑을 듬뿍 받고
이쁘고 착하게 잘 자라 준 사랑스러운 아이였지.
하지만, 지금은 왜 우리 가족들 옆에 없는 거니?
왜 볼 수가 없는 거니? 왜 만질 수 없는 거니?
왜 너의 체취를 맡을 수 없는 거니?
아빠는 심장이 너무 아프고 애간장이 끊어지는구나.
사랑스러운 우리 집 막내딸, 보고 싶고, 보고 싶고, 또 보고 싶다.
그렇게 이쁘고 착한 딸이었는데, 충분히 살 수 있었는데,
왜 그렇게 무섭고 힘들고 아프게 하늘나라로 가야 했는지,
지금도 아빠는 그 이유를 알 수가 없구나.
아빠로서 책임지지 못해 정말 미안하고 용서를 빌고 싶구나.
무뚝뚝한 아빠 성격 때문에 생전에 사랑한다는 표현도
잘하지 못했기에 더더욱 가슴이 미어지는구나.
울 이쁜 막내딸 수진아. 아빠가 미안해…… 정말 미안해…….
부디 엄마, 아빠가 수진이 보러 갈 때까지 하늘나라에서
친구들과 즐겁고 행복하게 잘 지내고 있어 줄 거지?
수진아, 아빠가 많이 많이 사랑해.
사랑해.

김시연

악까지 친들 다 찾아준다는 약속도 못 지키고.

딸 아프게 한 사람들 혼내 주지도 못했어. 엄마가.

늦더라도 시연이가 남겨 주고 간 숙제 꼭 하고 갈게.

서로 안녕이라는 말은 아직은 하지 말자.

를 엄마로 만들어 준 나의 첫 딸로 태어나 줘서

무나 고마워.

의 엄마여서 너무나 행복 했어.

원한 내딸 효의 묘성 께박이 사랑한다.

나의 깨박이에게.

금방이라도 저 문을 열고 들어올 것만 같은 시연아.
문을 열고 들어오면서부터 재잘대던 너의 목소리가
아직도 선명하다.
열여덟 살에 멈춰 있는 너인데 친구들은
벌써 스물두 살이 되었고,
이연이는 스무 살이 되었어.
수학여행 간다고 같이 장보고 캐리어를 들고
같이 학교에 갔었는데,
4년이라는 시간이 흘렀지만 엊그제 일처럼 선명하게 기억나.
그래서 금방 돌아올 것만 같아.
작은 기억 하나라도 잊힐까 겁이 나,
매일매일 너의 목소리를 듣고 너의 사진을 봐.
얼마나 고마운 줄 몰라.
언제라도 들을 수 있게 목소리며 사진이며
많이 남겨 주고 가줘서.
누군가는 이제 보내 줘야 한다고,
너의 방도 정리하자고 하고 다시 일상으로 돌아가라 해.
엄만 지금도, 죽어서도 시연이 엄만데.
엄마는 그러면 안 되는 거잖아.
엄마도 아빠도 이연이도 우리는 항상 시연이와 함께해.
알고 있지? 다 보고 있지? 맛있는 거 먹을 때도
좋은 것을 볼 때도 시연이는 우리 옆에 있어.
이 글을 쓰고 있는 오늘은 민아의 생일이야.
너희 둘이 멋진 생일 파티 하고 있겠지?
우리 그때로, 매일 학교 끝나고 우리 집으로 와서 맛있는 거 먹고 놀러 다니고 했던 중학교 때로 다시 돌아갔으면 참 좋겠다.

서로 아무 아픔 없이 웃고 떠들던 그때로…….

엄마의 노력이 부족했을까?

시연이가 떠난 후로 열심히 한다고 했는데

그때와 달라진 게 없는 것 같아.

조금 더 열심히 하면 시연이 다시 만났을 때

웃으며 인사할 수 있을까?

마지막까지 친구들 다 찾아 준다는 약속도 못 지키고,

우리 딸 아프게 한 사람들 혼내 주지도 못했어.

엄마가 조금 늦더라도 시연이가 남겨 주고 간 숙제 꼭 하고 갈게.

우리 서로 안녕이라는 말은 아직은 하지 말자.

나를 엄마로 만들어 준, 나의 첫딸로 태어나 줘서 너무나 고마워.

너의 엄마여서 너무나 행복했어.

영원한 내 딸, 귤의 요정 깨박이 사랑한다.

김아라

어느 중년 여성이 뜨개질하면서 창가를 바라보며
자신의 빛바랜 사진들을 보며 추억을 회상하는 모습
두주먹 불끈쥐고 태어났을때, 유치원 재롱잔치때
초등학교 운동회때, 중학교 소풍장기자랑때, 고등학교
학 여행, 사회 직장에서 열성적으로 일하고, 결혼
아들. 딸 결혼시키고, 모든걸 이루었을때 흐뭇해.
표정.

우리 아라 재롱도 이렇게 황홀한 인생이 되었
했는데 공간에서 필름이 끊기더니 .....

가슴이 미어질 듯 보고 싶은 딸 아라에게.

하루도 보지 못하면 하루도 살 수 없었던 아빠인데,
못 본 지 1,395일째 되는구나.
아빠, 엄마, 오빠는 하루도 너를 잊지 않고,
매일 가슴의 울분을 삼키며 살아가고 있다.
집안의 꽃이요, 생명수 같던 아라는
아빠에게는 청량제같이 지치지 않게 일할 수 있게 했고,
엄마에게는 뿌듯한 딸로서 공부를 잘하고 모든 면에서 완벽해,
장래 집안을 일으킬 아이라 생각하며 기쁘게 살았건만,
너무나 짧은 생애를 마감하니 끝없는 죄책감이 앞선다.
너희의 힘을 입어 한국은 그나마 제자리를 찾는 듯 보인다.
욕심 많은 대통령은 사라지고 국민을 위하는 대통령이 나왔고,
학교 등교 시간도 9시가 되어서 세상이 여유 있어 보인다.
내 딸 아라가 학교 다니면 얼마나 좋았을까.
잠도 충분히 자고, 아빠가 지친 몸을 일으켜 새벽같이
일어나 밥을 안 해도 넉넉한 시간이 되었을 것을.
왜 이 모든 일들이 아라가 희생되고 나서 이루어질까?
모든 것이 미리 제대로 작동되었다면 이와 같은 큰 사고는
없었을 것인데, 아버지 세대가 부정을 눈감아 주고
으레 강한 자의 횡포를 묵시한 결과였던가.
왜 수많은 지식인들이 목숨을 버리면서 부정한 사회와
맞섰는가를 이제야 깨닫게 된 것에 무한한 죄책감을 느낀다.
하늘에 떠있는 비행기가 서울로 향하는 것을 보면
'저 비행기를 타고 아라가 오면 얼마나 좋을까!' 싶어
차마 비행기를 바라볼 수 없다.
엄마는 매일 분향소 가서 울분을 삼키고 오고,

아빠는 하던 일 그대로 하고,

오빠는 무사히 제대해 취직 준비 중이나 좀 힘들어한다.

아라 같으면 그것쯤은 넉넉히 해치울 건데, 자꾸만 비교되고,

이럴 때 너의 조언이 아쉽고 그리워진다.

"오빠, 그러지 말고 이렇게 해."

아빠에게도 많은 의존 상대였는데,

아빠는 같이 깊게 대화를 나눌 사람이 없다.

그리고 아직 살던 곳에 그대로 살고 있고,

2년 후에 선부동 새 아파트로 이사 갈 계획이다.

주소는 나중에 알려 줄게.

부산으로 이사 가려 했는데, 엄마가 네 주위를 못 떠나니

그대로 여기 안산에 머물기로 했다.

그렇게 결정하니 아빠 마음도 안정이 된다.

몇 달 동안 딸과 함께하며 딸을 위해 기도했던 교회 예배는,

이제는 기도할 상대가 없으니 막연하고,

교회 구석구석이 딸과 함께했던 추억들로 가득하고,

또래 아이들의 재잘거림과 성숙한 모습을 보면

힘들어서 쉬고 있다.

대신 합동 분향소 기독교 예배실에 가서 아라를 위해

엄마와 함께 기도하고 있다.

광고에, 딸이 커서 사회 초년생으로

직장에 출근하는데 늦을까 봐

밥도 안 먹고 가는 딸을 향해,

엄마가 애태우는 모습이 참 부럽고,

어느 중년 여성이 뜨개질하면서 창가를 바라보며

자신의 빛바랜 사진들을 보며 추억을 회상하는 모습,

두 주먹 불끈 쥐고 태어났을 때, 유치원 재롱 잔치 때,

초등학교 운동회 때, 중학교 소풍 장기 자랑 때,
고등학교 수학여행,
직장에서 열성적으로 일하고, 결혼하고 아들딸 결혼시키고,
모든 걸 이루었을 때 흐뭇해하는 표정…….
우리, 아니 내 딸도 이렇게 황홀한 인생이 되었어야 했는데
중간에서 필름이 끊기다니…….

2018년 2월 9일 금요일,
아빠 김응대.

김인호

이젠 좋은 추억만 기억하려고해 그
야 우리 아들 인호가 슬퍼하지않고 행
해 할것같아.. 아들 기억나 엄마랑 ㅁ
데이트했었던 그장소 화정천 육교앞 우
둘만의 비밀장소 엄마가 가계에서 인호
하고 끝나는 시간에 맞추어서 늘 같이 집
로 갔지~ 우리 그때 정말 행복하고
즐거웠어 지금도 생생해 인호가 웃으며
뛰어오는 모습 차문열면서 짓궂은 표
으로 말하지 백기사 수고했어.. 출발

사랑하는 아들 인호를 그리워하면서.

유난히도 추웠던 겨울도 끝을 향해 가고 있구나.

이 추운 겨울이 지나면 봄이 오겠지.

이렇게 계절은 가고 또 오는데 우리 인호는 왜 돌아오지 않나?

하늘은 알고 있겠지.

지금 우린 얼마나 인호를 그리워하고 보고 싶어 하는지…….

다시 돌아갈 수 없는 것도 알아.

하지만 엄마는 인호를 다시 돌려 달라고,

매일 하늘에 계신 그분들께 기도해.

아무 의미 없다는 것도 알아.

하지만 이것도 하지 않으면 엄마는 답답해서 죽을 것 같아.

이렇게 하루하루 가시 박힌 가슴을 끌어안고서,

슬퍼하면서, 그리워하면서 살아가고 있어.

오늘도 인호를 그리워하면서,

추억 속 수많은 인호의 기억들을 자꾸 떠올리면서,

그렇게 또 웃었다 울었다 행복했다가 또 슬퍼했다가…….

이젠 꿈인지 현실인지 헷갈려. 현실로 돌아오면 모든 것이 무너져.

그래서 다시 또 꿈을 꿔. 이 순간만은 모든 것이 이루어지고

인호랑 같이 무엇이든 할 수 있으니까…….

현실로 돌아오면 남은 건 슬픔과 아픔인 것도 알아.

힘든 일을 겪고서야 인호랑 함께한 시간들이

얼마나 소중한지 알았어…….

이젠 좋은 추억만 기억하려고 해.

그래야 우리 아들 인호가 슬퍼하지 않고 행복해할 것 같아.

아들, 기억나? 엄마랑 매일 데이트했던 그 장소.

화정천 육교 앞 우리 둘만의 비밀 장소.

엄마가 가게에서 인호 학교 끝나는 시간에 맞추어서

늘 같이 집으로 갔지. 우린 그때 정말 행복하고 즐거웠어.

지금도 생생해. 인호가 웃으면서 뛰어오는 모습.

창문 열면서 짓궂은 표정으로 말하지.

"백 기사, 수고했어. 출발해."

우린 서로 보면서 배꼽 잡고 웃었지. 그래서 용호가 참 많이 질투했지.

엄마는 만날 형아만 태우러 간다고 말이야.

지금 생각해도 그땐 너무 행복했고 즐거웠어.

매일 아침 일어나면 엄마 사랑한다고 따뜻하게 안아 주고

볼에 뽀뽀를 해줬지.

지금도 눈을 감으면 인호의 온기가 느껴져.

그때가 너무 그립고 우리 아들 인호가 너무 보고 싶다.

사무치게 보고 싶을 땐 우리의 비밀 장소에 가서 멍하니 앉아 있어.

지나가는 아이들을 보면서 몇 번이고 쫓아간 적도 있어.

같은 교복을 입은 그 아이에게서 인호 모습이 보였어.

너무 보고 싶어서 자꾸 눈물이 나. 한 번만이라도 안아 보고 싶어.

시간을 되돌릴 수만 있다면 한 시간, 아니 10분이라도 좋으니까

한 번만 기적을 줄 수 없을까요…… 매일 빌고 또 빌어요……

역시 기적 같은 것 처음부터 없네요…….

생각하면 또 눈물이 나고 화가 나. 아무것도 할 수 없다는 것이.

이젠 미안하다는 말도 미안해서 할 수 없어.

마음속으로만 아파하고 슬퍼하고 그리워하면서,

혼자서 감당해야 할 일이니까.

우리 아들, 엄마는 괜찮아. 너무 걱정하지 마.

우리 인호가 그곳에서 행복하고 즐겁게 하고 싶은 것 다 하고

친구들도 많이 사귀고 재미있게 지냈으면 좋겠어.

집 걱정은 하지 마.

용호는 만날 게임만 해. 공부는 너무 싫어해.

이번 대학입시도 망쳤어. 그래도 많이 철들었어.

요즘에는 운동을 열심히 하고 있어.

몸도 많이 좋아졌어. 복근도 생기고 근육이 많이 나왔어.

아빠는 술을 많이 줄였어. 몸은 많이 상했어.

운동 좀 하라고 해도 안 해. 만날 내일부터래.

엄마는 우리 인호한테 궁금한 거 많은데…….

어디서부터 어떻게 물어봐야 하나?

다 물어보고 싶은데…… 다 알고 싶은데…….

건강, 밥, 여친[여자 친구] 등등. 엄마 참 주책스럽지? 미안.

나중에, 훗날에 만나면 그때 꼭 얘기해 줘.

그땐 다시 헤어지지 말고 엄마 손 꼭 잡고 오래오래 살면서

못다 한 일들을 하나하나 하면서 행복하게 즐겁게 살자.

그리고 이 말은 꼭 하고 싶었어.

우리 아들 인호야, 엄마 아들로 태어나 줘서 너무 고마워.

우리 인호와의 추억들을 모두 엄마 가슴속 깊이깊이 간직할게.

지금도 많이 추워서 감기 조심하고, 밥 잘 챙겨 먹고

즐겁게 놀면서 하고 싶은 거 다 하면서 살자.

사랑한다, 엄마의 심장과도 같은 아들.

이 세상에서 가장 소중한 엄마의 보물…….

함께했던 모든 시간들을 영원히 기억할게.

사랑한다, 우리 아들 인호야.

잘 있어……. 보고 싶다…….

2018년 2월 9일 새벽 4시 15분,
너를 사랑하는 엄마가.

김재영

청춘가 뼈에 사무치는구나
눈부시게 아름다운 날에 눈부시게
태어나는 너를 보내고 오늘도
엄마는 부디 그곳에선 편안하기를
빌어본다
아들 미안하고 너무너무 보고싶고
그렇구나
네가 없는 그곳에서 다시 태어나게
되시면 엄마 한번 안아줄수 없니?
사랑한다 아들 ...

보고 싶은 아들 재영아!

재영아, 잘 지내고 있는 거지?
네가 있는 그곳은 따뜻하고 평화로운 곳이면 좋겠구나.
엄마는 지금도 문득 네가 문을 열고 집 안으로 들어서며
배고프다고 할 것만 같은데…….
달력에는 벌써 2018년이라는 숫자가 쓰여 있구나.
아무것도 변한 것 없이 아직도 그날만 같은데,
세상은 바쁘게 움직이고 그 안에 있는 우리는
무인도에 남겨진 듯한 외로움과 그리움에
가슴이 미어지는구나.
사랑하는 아들.
분명 엄마에게는 듬직하고 다정한 아들이 있었는데,
지금은 너의 빈자리가 너무도 허전하고 시리게 느껴지는구나.
이제 곧 추운 겨울이 지나면 잔인한 봄이 또다시 돌아올 텐데,
엄마는 흐드러지게 피어나는 벚꽃을 볼 자신이 없구나.
안개로 배가 떠나지 못하고 있다는 너와의 마지막 통화가
아직도 엄마의 뇌리에 생생한데
너를 잡지 못했다는 후회가 뼈에 사무치는구나.
눈부시게 아름다운 날에 눈부시게 피어나는 너를 보내고
오늘도 엄마는 부디 그곳에서 편안하기를 빌어 본단다.
아들, 미안하고 너무너무 보고 싶고 그립구나.
네가 있는 그곳에서 다시 만나게 되면
엄마 한 번 안아 줄 수 있지?
사랑한다, 아들…….
다시 만나게 될 때까지
너의 못다 이룬 꿈 그곳에서 이루며

친구들과 선생님과 행복하게 지내길 엄마는 기원할게.
사랑해, 재영아.

2018년 2월,
아들을 너무 그리워하는 엄마가.

김제훈

아들 제훈아

칠 전 제영이 졸업식이었다.
느덧 제영이가 너보다 더 많은 나이가 되었네
을 잃은 어려운 시기에 잘 견디고 생활해준
영이가 기특하고 고마웠다.

런제 엄마의 눈에선 눈물이 저절로 흐른다.
가 건강히 커 가면서
의 삶을 충실히 살고

아들 세훈아.

며칠 전 제영이 졸업식이었다.
어느덧 제영이가 너보다 더 많은 나이가 되었네.
형을 잃은 어려운 시기에 잘 견디고 생활해 준 제영이가
기특하고 고마웠다.
그런데 엄마의 눈에선 눈물이 저절로 흐른다.
네가 건강히 커가면서, 너의 삶을 충실히 살고
졸업하고
대학 입학하고
군대 가고
남들이 다 하는 그런 평범한 일상을 잃었다는 것,
그리고 앞으로의 그 평범한 일상 하나하나를 거칠 때마다
엄마는 찢어지는 고통을 견디어야 한다는 것이다.
'강당에 모여 있는 이 많은 사람들 중
이런 이유로 눈물짓는 이는 엄마밖에 없구나.'
하고 또 엄마 자신에 대한 연민이 생기더구나.
무참히 짓밟힌 너의 졸업식,
무참히 짓밟힌 너희의 명예,
무참히 짓밟힌 엄마의 마음.
어떻게, 시간 조절이 안 될까? 처음부터 다 돌려놓고 싶어.
김제훈, 엄마 아들. 사랑하는 엄마 아들.
얼마 있으면 아들 생일이네. 그날은 하얀 목화 꽃바구니 준비할게.
유난히 추웠던 이번 겨울, 따뜻한 목화 꽃으로 널 위로하고 싶다.
따뜻하고 좋은 곳에 네가 있으리라 생각하면서도
조바심을 내는 엄마는 너를 향한 영원한 아들 바라기 엄마다.
사랑한다, 아들. 고맙다, 내 아들아.

김주아

아빠가 길 고양이를 갖고 들어 왔을때 너무 좋아
하던 아이.

참치를 좋아 한다고 이름이 "참치"인 새끼고양이가

큰 고양이가 되서 시슬로 보내졌을때 속상한

그 마음을 일기장에 써 놓은걸 이제야 보게되었다.

나는 엄마한테 삶의 전부였는데 울 주하는

그러던 고양이다 햄스터를 벗삼아 지냈네.

학교 끝나고 돌아오면 유일하게 반겨주던 고양이

"참치" 였는데 그런 너의 친구를 엄마가 시골로

침묵 속에 주인을 기다리는 너의 방.

주인을 기다리는 책상과 의자, 가지런히 정리된 서랍장 옷들.

방문 열고 들어가면,

바로 생활 가능한 너의 물건들은 여전히 그 자리건만

네가 있어야 할 자리엔 영정 사진만이 자리를 지키고 있구나.

보고 싶다, 우리 딸.

엄마 가슴 안에 늘 함께하고 있다고 살아가는데

너무 보고 싶어 삶이 지치고 힘들다.

너랑 함께여서 행복했던 날들이 머릿속을 가득 채우고

가슴은 텅 비어 깊어 가는 겨울밤에,

너의 책장을 넘기며 사진 속 너에게 말을 건넨다.

그림 그리는 걸 좋아하고 동물도 좋아하고

미니어처를 좋아했던 우리 주아.

비와 천둥소리를 싫어해서 무섭다고 말하던 아이.

학교 끝나고 집에 오면 아무도 없는 텅 빈 집.

어려서부터 혼자 있는 걸 많이 싫어했었지.

아빠가 길 고양이를 갖고 들어왔을 때 너무 좋아하던 아이.

참치를 좋아한다고 이름이 '참치'인 새끼 고양이가

어른 고양이가 돼서 시골로 보내졌을 때 속상한 네 마음을

일기장에 써놓은 걸 이제야 보게 되었다.

너는 엄마한테 삶의 전부였는데

울 주아는 기르던 고양이와 햄스터를 벗 삼아 지냈네.

학교 끝나고 돌아오면 유일하게 반겨 주던 고양이 '참치'였는데,

그런 너의 친구를 엄마가 시골로 보냈을 때 속상했던 얘기를 보니,

얼마나 가슴 아팠을까!

엄마가 너무 늦게 알아서 미안해.

그때 엄마는 우리 딸들만 있으면 행복했으니까.

동물은 밖에서 키우는 거라고 내 생각만 했던 걸
이제야 후회해 본다.
요즘 엄마가 혼자 있는 시간이 많다 보니,
혼자 있다는 게 어떤 마음인지 이제야 너의 마음을 알겠다.
온통 머릿속에 네 생각으로 가득 차.
추우면 추워서, 더우면 더워서 힘들었을 너를 떠올린다.
아프다고 전화가 오면 아픈 너를 혼자 병원을 가게 했지.
아픈 네가 혼자 병원 갔을 것을 떠올리니 너무 속상해서
흐르는 눈물을 주체할 수가 없구나.
딸아, 부족한 엄마여서 너무 미안하고,
너의 마음 헤아리지 못하고 어리석게 내 생각만 했던 날들을
너에게 용서를 구한다.
주아야, 엄만 널 키우면서 네가 너무 자랑스럽고
행복했다는 걸 너무나 잘 알지?
엄마한테 한없이 착하고 우리 가족에겐 희망이었던 딸.
네가 우리 곁을 떠나면서 우리의 봄을 가져갔지만
우리가 언젠가 같이할 따뜻한 봄날이 올 거라는 희망 속에
너를 가슴에 품어 본다.
이젠 편지를 써도 너에게 부치지 못할 편지를 쓰지만
우리가 함께할 날들을 생각하며 오늘을 보낸다.
딸아, 친구들과 긴 수학여행이 끝나면
네가 같이 가자던 가족 여행을 떠나 보자.
그날이 빨리 오기를 기도할게.
사랑해!

주아를 생각하며, 엄마가.

김초예

엄마 아빠는 초예가 그립고 생각 날때마다
우리 큰딸이 즐겨 입든 옷들이 조흠이나-
살내음이 남았는가 장롱문을 열고 쭉
가슴에 품은 채 우리 큰딸 향기가 난나 -
그러면 아빠 눈에서 하염없이 눈눈이
나온다. 아직도 우리 큰딸 향가가 남아 있
하면서 잠이야 하니..

우리 큰딸!

아빠가 그냥에서 읽못는디 사랑들은 길게는
일백이년 산디 그렇지 못한 사랑들도 깊고

사랑하는 내 딸 초예 보아라.

이제는 볼 수도 없고, 목소리도 들을 수 없고,

얼굴도 만져 볼 수 없는 우리 큰딸 초예야!

엄마, 아빠, 그리고 초예가 엄마 노릇 하며 돌봐 온 두 동생들도

이 세상에 하나뿐인 언니가 우리 곁에 수호천사처럼

머물러 있지 않을까 한단다.

우리 큰딸 초예야.

아빠가 우리 큰딸에게 이렇게 편지를 다 쓰네.

하고 싶은 말도 많은데 무슨 얘길 할까.

평상시 하던 대로 할까. 아니면 근사한 말을 해야 할까.

아빠가 우리 큰딸 너무나 사랑해.

우리 큰딸이 야자 끝나고 차 안에서 이런 말을 했는데,

"우리 가족은 너무 행복해. 아빠, 엄마가 젊어서 너무 좋아."

이제는 초예가 하던 말들이 아지랑이처럼 들리네.

그래도 초예야!

엄마, 아빠, 두 동생들도 항상 예쁜 모습으로

함께 지내 온 날들을 회상하면서

'우리 언니는, 우리 큰딸은 이런 모습이 좋았지.' 하곤 한단다.

초예야! 초예야! 사랑스러운 우리 큰딸 초예야!

아빠는 이런 생각이 가끔 든단다.

길을 걷다가도, 차를 타고 가다가도

'지금쯤 우리 큰딸이 벌써 스물하나네.

어여쁜 숙녀가 되어서 초예가 하고자 하는 공부를 하면서

오늘 하루 어떻게 보냈는가를 말했을 텐데.'

"엄마, 아빠! 나 대학 가도 혼자 살지 않을 거야.

집 나가면 고생이야. 엄마, 아빠하고 살 거야." 했는데,

항상 가족과 함께한다고 했는데…….

그래서 아빠는 우리 큰딸이 보고 싶고 생각나면 가끔 하늘을 봐.

초예야, 초예야. 우리 큰딸, 이제는 불러 봐도 대답이 없네.

예전에는 전화를 걸면 "응! 아빠, 엄마, 어디야?" 했는데,

지금은 그런 목소리를 들을 수 없어서 아빠 마음이 너무 아프네.

초예야.

엄마, 아빠는 초예가 그립고 생각날 때에

우리 큰딸이 즐겨 입은 옷들에 조금이나마

살 내음이 남았는가 싶어,

장롱 문을 열고 꼭 가슴에 품으면 우리 큰딸 향기가 난단다.

그러면 아빠 눈에서 하염없이 눈물이 나온다.

'아직도 우리 큰딸 향기가 남아 있네.' 하면서 말이야.

우리 큰딸! 엄마, 아빠, 두 동생들은

언제나 초예하고 지내 온 날들을 말하곤 한단다.

우리 딸 초예야, 그러니 슬퍼하지 마.

엄마, 아빠는 항상 초예와 함께해.

뜨거운 몸 안에 함께하고, 그날까지 우리 큰딸과 함께할 거야!

미안해하지 마, 초예야. 항상 엄마, 아빠 생각하면서 웃어 주렴.

그래야 엄마, 아빠가 힘을 내.

사랑하는 딸.

엄마, 아빠한테 사랑스러운 초예가 태어나 주어서,

많이 함께하지는 못했지만, 예쁜 모습으로 잘 자라 주어 고맙구나!

그리고 사랑한단다.

엄마, 아빠가 하늘나라에 있는 우리 큰딸 초예에게 편지 쓰면

초예가 엄마, 아빠에게 답장해 줄 거지? 기다릴게, 언제까지나.

초예야!

먼 훗날에 아빠가 우리 딸 찾아갈게.

우리 딸 초예가 엄마, 아빠 열심히 살아가는 모습에,

우리 큰딸이 "엄마, 아빠 최고."라고 할 때까지 말이야.

그때 엄마, 아빠 두 팔 벌려 우리 큰딸 꼭 안아 줄게.

기다려 주어서 고맙다고…….

그때 다시 한 번 엄마, 아빠 딸 하자.

지금보다 더, 더, 백 배 더 엄마, 아빠가 잘할게.

사랑한다, 우리 큰딸 초예야!

아빠가 우리 큰딸 태어나서 생애 처음으로,

하늘나라에 있는 초예에게 글을 쓰는구나.

사랑한다.

아빠가.

김현정

"내딸 현정..

아침에 눈을 떠서 내딸 사진을 넣겨

눈을 흔들인 우리 현정이 잘 잤냐는 인사 ㅎ

희미하게 웃는 모습이 이쁘다

사진속의 모습은 슬픈듯 미소에 마음이

아려온다

현정아

매일 아침 눈을 떠서 내딸 한테 하는

엄마의 인사가 자연 스러워 지고 있다

이젠 내 딸에게 해줄수 있는게 이런거

내 딸 현정.

아침에 눈을 떠서 내 딸 사진을 보며
손을 흔들고 우리 현정이 잘 잤냐고 인사한다.
희미하게 웃는 모습이 이쁘다.
사진 속 모습, 슬픈 듯한 미소에 마음이 아려 온다.
현정아.
매일 아침 눈을 떠서 내 딸한테 하는 엄마의 인사가
자연스러워지고 있다.
이젠 내 딸에게 해줄 수 있는 게 이런 거밖에 없다.
왜 이래야 하는지, 왜 이렇게 되었는지,
예전으로 돌아가도 모든 게 엄마가 다 잘못한 거더라.
단원고 가라고 한 것도 엄마였고.
왜 그랬을까…….
미안해, 내 딸…….
오늘은 우리 현정이 생일인데 우리 현정이 어디에 있을까.
보고 싶다, 내 딸.
어제 우리 현정이 먹을 거 준비하면서 '맛있게 먹어 줄까?'
우리 현정이가 좋아하는 것만 만들면서도,
'지금 입맛은 변하지 않았을까, 요즘 애들은 무엇을 잘 먹을까?'
고민하면서 다음 생일에는 다른 것도 준비해야지 생각도 했어.
현정이 넌 엄마가 음식 해놓고 맛있냐고 물어보면,
"먹을 만해." 했는데, 지금도 그 말이 들리는 것 같네.
어디에 있을까.
어디쯤에서 엄마를 기다리고 있는 건 아닐까.
기다리는 그곳은 편안한 곳일까.
내 딸 생각에 또 멍해진다.

오늘은 어떤 모습으로 엄마한테 올까.

오늘은 무슨 말을 엄마 귓가에 속삭여 줄까.

가만히 엄마의 어깨를 안아 주는 것 같다.

가끔 그런 생각을 해.

어느 날 갑자기 '짠' 하고 집으로 들어올 것 같은…….

언젠가 꼭 다시 돌아올 거야.

보고 싶다.

보고 싶다.

내 딸이, 우리 현정이가 많이 많이 보고 싶다.

2018년 1월 30일,

집에서 기다리는 엄마가.

김혜선

안 곳곳에서 보이는 너무도 그리운 너의 모습들
녁이면 "다녀왔습니다" 하면서 열고 들어오는
란무. 엄마가 힘들다고 하면 "내가 김치볶음
줄게" 하며 어설픈 솜씨로 밥을 볶아 주던 너
의 책상에서 식탁에서 거실 쇼파에서
에 있는 너와 매일 매일 대화를 한다
하는 나의 딸 혜선아.
고 큰 눈으로 "엄마" 하고 불렀었지.
 가라가 누군가 엄마 하고 부르면

너무도 사랑스러운 내 딸 혜선아.

친구들과 잘 지내고 있는 거니?
불러도 대답 없는 네가 너무 보고 싶고, 안아 보고 싶고,
꿈에서라도 만날 수 있을까 매일 밤 너를 기다린다.

엄마 딸 혜선아!
엄마는 말이야, 가끔씩 대학생이 된 너를 떠올려 본다.
활기찬 모습으로 캠퍼스를 누비며 멋진 숙녀가 되어 있을
그리운 이름 김혜선.
저녁이면 돌아와 따뜻하게 갓 지은 밥을 먹으며
이런저런 얘기를 두런두런 나누는 행복한 모습을 떠올리다
다시는 마주할 수 없는 현실에 심장이 멎어 버리는 것 같아.
하고 싶은 것 많고 호기심 많은 울 딸.
소중하게 생각하는 가족들과
항상 행복해야 한다고 말하던 친구들을 두고
어찌 머나먼 여행길에 올랐을까?
얼마나 많이 아팠을까?
미안하고 미안하다.
가늠할 수 없는 그 고통의 길에 함께하지 못하고,
지켜 주지 못해서 미안해.
생각하는 것만으로 얼굴에 미소가 흐르게 하던 너를
지켜 주지 못하고, 숨을 쉬고 살아가는 것조차 미안한 엄마가
너를 위해 무엇을 할 수 있을까?
너희의 희생이 헛되지 않도록 명예를 회복시켜 주고
사람들의 기억에서 잊히지 않도록
최선을 다해서 열심히 살아갈게.

집 안 곳곳에 보이는 너무도 그리운 너의 모습들.
저녁이면 "다녀왔습니다." 하면서 열고 들어오는 현관문.
엄마가 힘들다고 하면 "내가 김치볶음밥 해줄게." 하며,
어설픈 솜씨로 밥을 볶아 주던 너.
너의 책상에서, 식탁에서, 거실 소파에서, 곳곳에 있는 너와
매일매일 대화를 한다.

사랑하는 나의 딸 혜선아.
맑고 큰 눈으로 "엄마." 하고 불렀었지.
길을 가다가 누군가 "엄마." 하고 부르면,
내 딸인가 싶어 뒤를 돌아본다.
어느새 훌쩍 자라 친구가 되어 주던 딸.
엄마 딸이어서 고마웠고,
커가는 너의 모습을 지켜보면서 참으로 행복했어.
네가 결혼하면 아이들을 돌봐 주면서
함께 살 수 있을 거라고 생각했었지.
너와 함께한 아름답고 소중한 시간들을
가슴 깊이 새겨 놓을게.
열네 살이던 네가 "10년 후 나"라는 제목의 편지를 남겼지.
"10년 후 나! 힘든 일이 너에게 온다면
무너지지 말고 열심히 기운을 내서 해결해야 돼."
너의 편지 한 구절처럼,
우리 앞에 기다리고 있는 날들이 힘들고 고통스러워도,
포기하지 않고 진상 규명과 책임자 처벌을 위해
하루라도 빨리 4·16안전공원을 만들어 네가 살던
안산으로 데려올 수 있도록 온 마음을 다해 끝까지 노력할게.

너무도 그리운 딸 혜선아.

이루지 못한 꿈, 그곳에선 꼭 이루길 바라며

꽃보다 예쁜 네가 있는 그곳은 언제나

엄마 품처럼 따뜻하길 기도한다.

엄마는 항상 우리 혜선이가 곁에 있다고 믿고 살아갈 거야.

엄마의 눈을 통해, 친구들의 눈을 통해

세상을 바라보고 느낄 거라고 믿어.

머지않아 너를 만나러 갈게.

다시 만날 때까지, 힘들고 고통스러웠던 기억들은 모두 잊고

아름다운 날들만 이어지기를…….

오늘 밤도 네 방 침대에서 함께 잠들자꾸나.

사랑해.

2018년 2월 17일,

사랑하는 딸에게, 너무도 그리운 엄마가.

나강민

그때 그 날이 없었다면 지금 우리아들
민이는 다른 또래애들처럼 대학도 가고
군대도 가서 멋진 남자로 우뚝서고. 시간이
서 결혼을 하고 이쁜 아기도 낳아서
가정을 꾸리는 그런모습을 보면서 그렇게
아빠는 행복하게 늙어갈수 있었을텐데
이 세상이 평범한 아빠의 행복을
가로막아놨다. 다시는 그행복을
찾을수 없도록 ···
너무도 보고싶고 또 보고싶은 아들 강민아

친구 같았고 내가 살아가는 이유였고
내 인생의 행복이었던 나의 아들 강민아.

찬바람 매섭게 불고 하얀 눈이 내리는 추운 겨울이 지나면
햇볕 좋고 파릇파릇 새싹도 오르는 따스한 봄도 머지않아 오겠지.
모든 사람들이 봄을 기다리고 기대감도 크겠지만
엄마, 아빠 맘은 항상 꽁꽁 얼어붙은 고드름이란다.
돌이킬 수 없는 야속한 시간 앞에 속절없이 무너져 버린
모진 시간들…….
그래도 그 지옥 같은 4월은 찾아오겠지.
나의 전부였던, 단 하나뿐이었던 나의 분신을 빼앗아 간 그 4월은
아빠에겐 두렵고 너무나 고통스럽고,
지독한 그리움으로 가득 찬 달이 되었다.
지금쯤 저 하늘의 가장 밝고 멋진 별이 되어 있을 아들 강민아.
이젠 아빠의 가슴에 묻어야 하는 게 현실이지만,
우리 강민이의 삶과 꿈을 모두 빼앗아 가버린,
이 나라의 책임자들을 어찌 용서하고 가슴에 묻을 수 있을까?
아직도 이 세상은 수많은 목숨을 앗아 가는 사고들이
너무나도 많단다.
그때 그날이 없었다면,
지금 우리 아들 강민이는 다른 또래 애들처럼 대학도 가고,
군대도 가서 멋진 남자로 우뚝 서고,
시간이 가서 결혼을 하고 이쁜 아기도 낳아 가정을 꾸리고…….
그런 모습을 보면서,
그렇게 아빠는 행복하게 늙어 갈 수 있었을 텐데…….
이 세상이 평범한 아빠의 행복을 가로막아 놨다.
다시는 그 행복을 찾을 수 없도록…….

너무도 보고 싶고 또 보고 싶은 아들 강민아.

네가 원하지 않은 너무나도 멀고 먼 유학을 떠나보내서

많이 미안하다.

아빠는 평생 우리 아들 강민이라는

감옥 속에 갇혀서 살아가겠지.

나의 사랑하는 아들아!

이제 그곳에서 편하게 그리고 행복하게,

선생님과 친구들이랑 잘 지내면 돼.

그것으로 아빠한테 효도는 다 하는 거야.

어쩌다 아빠가 지치고 힘들어서 헤매거든,

우리 아들이 길을 밝게 비춰 주렴.

아들이 못다 한 꿈 대신,

아빠가 용기라는 힘으로 살 수 있도록 해주렴.

항상 너의 방에 있는 것만 같은 우리 아들 강민아.

다음 생에 꼭 다시 만나자. 그땐 행복하게 잘 살자꾸나.

너무너무 보고 싶어, 아들.

나강민, 사랑한다.

2018년 2월 11일,

아빠 나병만.

남지현

크고 빨간 먹음직스러운 딸기와 토마토를
집앞 놀이터의 정자를 보아도 지현이가 생
집 앞 골목길을 보면 가방을 메고 흥얼거리며
지현이가 생각나
길 모퉁이에 항상 서 있는 떡볶이 포장마차
떠오르고 올림픽 기념관앞 건널목에 섰다
학교 앞 길을 지날때도 항상 언제나 늘
매일 양치를 할때면, 아직도 버리지 못한
지현이를 생각해
예쁜 튤립을 보면 튤립을 닮았던 지현이
버의 방에 걸려있는 진 녹색 후드집업을

건널목 저 멀리서 까만색 긴 외투를 입고
삼삼오오 모여 걷고 있는 아이들을 보면
우리 지현이가 생각나.
크고 빨간 먹음직스러운 딸기와 토마토를 보아도,
집 앞 놀이터의 정자를 보아도
지현이가 생각나.
집 앞 골목길을 보면
가방을 메고 흥얼거리며 집에 오던 지현이가 생각나.
길모퉁이에 항상 서있는 떡볶이 포장마차를 보면
지현이가 떠오르고,
올림픽기념관 앞 건널목에 설 때도, 학교 앞 길을 지날 때도
항상 언제나 늘 너를 생각해.
매일 양치를 할 때면
아직도 버리지 못한 너의 칫솔을 보고 지현이를 생각해.
예쁜 튤립을 보면 튤립을 닮았던 지현이가 떠올라.
너의 방에 걸려 있는 진녹색 후드 집업을 보면
그 옷을 입고 있던 지현이가 생생해.
비가 오는 날 우산을 보면
함께 우산을 쓰고 걸었던 그 모든 길과 너를 생각해.
롤러스케이트를 보면
처음 스케이트를 배우며 즐거워하던 그날,
우리 지현이도 기억나지?
유치원 앞을 지나갈 땐
유치원에 다니던 너의 모든 시절이
영사기의 필름처럼 생생하게 스쳐 지나간다.
아기였을 때 항상 다녔던 이비인후과를 보면서
지현이를 생각하고,

영화관에서 믹는 팝콘을 보면서 지현이를 생각해.

김밥을 쌀 때면

세상에서 엄마 김밥이 제일 맛있다고 먹어 주던 지현이,

삼계탕을 먹을 때는 엄마 삼계탕이 최고라며

엄지를 세워 주던 지현이,

네가 잠자던 침대에 누우면 항상 지현이가 생각나.

아침마다 기도할 때도,

잠이 오지 않는 밤에도,

엄마 딸을 생각해.

이렇게 매일, 매 순간, 숨 쉬는 순간순간 엄마는

지현이를 생각해.

지현이는 엄마의 마음속 깊은 곳에 살아 있고,

엄마는 우리 지현이랑 항상 함께한다고 생각해.

엄마 딸. 예쁜 딸. 사랑하는 딸.

다시 만날 날을 기대하고 있어. 천국에서 꼭 다시 만나자.

잘 지내, 예쁜 딸. 너무 많이 보고 싶어.

엄마가 너무 많이 사랑해.

문지성

지성아! 요즘엔 노란장미가

있쩍 많이 지성이가 태어났을 때

빠는. 문 담은. 꽃집을 열게 해

지중이를 사다준 기억이 있히것

라 나의 노란장미가 되었지

그래서인지 넌 노란색을 좋아

장마는. 넌생각하면 노란장미가

넷째 딸 지성아!

16년 2개월 10일을 살다 간 내 딸.
엄마의 맘을 설레게 했던 사랑하는 딸.
며칠 전 너의 생일을 맞아서,
온 가족이 효원가족공원, 기억교실, 분향소를 돌아보았구나.
이젠 너의 생일이 어쩌면 온 가족을 묶는 사랑의 끈이 되었구나.
너희는 밖에서 생일을 보내는 것보다는
가족끼리 음식 먹고 선물 주고받으며 즐거워하고,
케이크 촛불을 끄곤 했지.
너를 보내고 처음엔 생일을 어떻게 보내야 할지 어정쩡했지.
네가 없는 생일은 허전함이었어.
하지만 너는 몸이, 너의 몸짓이 없는 것이지,
영혼까지 없는 것이 아니기에,
너의 생일에 너를 생각하며 잊지 않고 기억하며
또한 한 명의 딸로서 뜻 있게 지내려 한단다.
아니, 처음부터 우린 뜻 있게 지내려 노력했지.
첫해는 너의 친구들을 모아서 생일 파티를 했고
두 번째 해는 서명대에서 서명을 받고
지난해와 올해는 너의 흔적을 찾아 온 가족이 돌아보기로 했지.
네가 가끔 죽을 끓여 먹던 생각에,
또 언니들과도 나눠 먹던 추억을 생각하며
너의 생일엔 죽을 먹기로 해서 올해는 전복죽에 매생이전,
생굴회를 먹으며 즐겁게 담소를 나누었고,
케이크 촛불은 네가 떠나고 태어난 손녀 하원이가 껐단다.
너로 인한 즐거운 시간 고맙구나.
4년이 다가오는 시점에 마음은 항상 너와 살고 있지만

너를 만질 수 없는 아픔에 정신적·육체적으로
쇠해 버린 몸 때문에,
이제는 분향소 사진이 흐릿하게 보이는구나.
너로 인해, 가끔 사람은 언제 갈지 모른다는 생각이
문득문득 들곤 한단다.
그래서 더 열심히 살고 있는 것 같아.
교회 성가대와 4·16 합창단, 남아 있는 가족 돌보기,
너희를 키우느라 못 했던 취미 생활까지
일주일이 모자랄 지경이야.
이젠 움직이지 않으면 견딜 수 없는 병이 생겨 버렸네.
바쁘게 움직이니까 버티고 있는 것 같고…….
처음 1년을 거의 틀어박혀 우울증과 고통 속에
살다시피해서 얻은 열심히 사는 병.
지성아! 요즘엔 노란 장미가 떠오른다.
넷째 딸인 지성이가 태어났을 때,
아빠가 문 닫은 꽃집을 열게 해서 노란 장미 네 송이를
사다 준 기억이 잊히질 않아서 너는 나의 노란 장미가 되었지.
그래서인지 넌 노란색을 좋아했고,
엄마는 널 생각하면 노란 장미가 생각나.
내 딸아!
너는 나의 영원한 아름다운 딸이야.
너를 누구에게 주는 것이 아까워서 어떤 신랑감이 와도
성에 차지 않을 것 같은 딸이었는데,
너는 나의 영원한 노란 꽃이 되었구나.
스물한 살, 정말 아름다웠을 너의 모습이 그립다.
올해는 지혜 언니가 예쁘게 꽂은 꽃바구니와
별 귀고리를 생일 선물로 넣어 놨단다.

정말 좋아서 깔깔거렸을 웃음소리가 그립다.
너는 이 세상에 필요한 존재로 왔기에
너의 몫이 반드시 있다는 것.
이 세상의 고귀한 생명을 살리는 '존재'.
지금 비록 된 것 없지만,
언젠가 너의 가치가 이 세상에 반짝일 거야.
노란 별 되어 반짝거리게 엄마, 아빠가 노력할게.
사랑한다.

2018년 2월 10일 토요일,
엄마.

박성빈

사랑하고 보고 싶은 성빈이 에게

오늘도 아침 6시쯤 되니 눈이 떠진다.
습관인지 나이가 먹어서 그런지 ...
너를 보내고 그런은 아침에 휴대폰
선물을 지우러 않고 보겠다.

너를 학교에 보내기 위해 아침 6시면 일어나
아침 식사를 차려 주었지.

사랑하고 보고 싶은 성빈이에게.

오늘도 아침 6시쯤 되니 눈이 떠진다.
습관인지, 나이를 먹어서 그런지…….
너를 보내고 2년은 아침에 휴대폰 모닝콜을 지우지 않고 보냈다.
너를 학교에 보내기 위해 아침 6시면 일어나
아침 식사를 차려 주었지.
전날 엄마가 준비한 음식을 내가 데워 주고
간단한 계란 후라이와 사과를 깎아서 주는 정도지만
몇 년간 아침 식탁에서 너와 얘기도 하고
밥을 먹는 너를 지켜보며 즐거웠는데…….
그때 말이다. 일찍 일어나는 것이 좀 힘든 적도 있었지만
그때가 행복하고 좋았다는 것을 지금은 더욱더 느끼는구나.
그래서 지금도 성빈이가 없다는 것이 아빠는 너무 힘들구나.
초기엔 아침에 일어나 너를 깨우러 간 적도 있었어.
살아서 방에 있는 것으로 알고…….
나에게 일어난 일이 믿기 힘들고 꿈만 같아서……
꿈이었으면 했는데……
지금도 네가 너무 보고 싶구나.
그리고 내 딸 성빈이를 지켜 주지 못한 것,
미안하고 또 미안해.
정말 미안하다!
성빈아, 잘 지내고 있지?
아니, 친구들과 함께 잘 지내고 있을 거야.
엄마, 아빠는 다른 부모님과 함께,
모든 국민이 너희를 기억하게 하여
다시는 이런 일이 일어나지 않게 하기 위해 활동하고 있다.

내가 걱정하면 함께 걱정해 주던 딸이었기 때문에
성빈이와 친구들이 천국에서 항상 부모님들을
도와주고 있다고 믿어.
앞으로도 계속 부모님들 도와주고 잘 보살펴 줘야 한다.
너희의 희생이 헛되지 않게 좋은 방향으로 이끌어 주길 바라.
그래야 다음 생이 있다면 너희를 떳떳이 볼 수 있을 텐데.
그땐 다시는 너의 손을 놓지 않고,
너에게 미안해하는 못난 아빠가 되지 않을 거야.
사랑하는 내 딸 성빈아!
엄마, 아빠 마음속 깊은 곳에
절대 성빈이를 잊지 않고 새겨 놓을게.
다시 만날 그날까지 친구들과 잘 지내.

2018년 2월 10일,
성빈이를 사랑하고 보고 싶어 하는 아빠가.

박성호

성호야, 우리 눈에 너희가 보이지 않아도 만
않아도 우리들 곁에 너희들이 있는 거지?
너를 멀리 보낼 수 없는 우리는 그렇게 믿는
믿고서라도 견뎌내야 하니까.... 그 말 이외
말도 들리지 않고 위로가 되지 않으니까....'
바람이 되어'노래 가사가 너무 좋다며 내게
그 노래가 너희의 추모곡이 되어 울려 퍼지고. 너
노래 부르며 뛰놀던 화랑유원지가 너희의 분
비가 산고 초던 산발만 천 갈래 만 갈래 헤진 채

햇빛보다 더 밝고 정겨웠던 성호야.

엄마는 너를 지키지 못한 죄스러움과 미안함을
견뎌 내기가 너무도 어렵구나.
어린 동생과 누나들은 너의 고통에 비교할 수 없다며
억울함과 분노를 참아 견디고 있지만, 억울하고 참혹하게
너를 잃은 그날부터 우리는 시간과 공간의 의미도 잃었고,
삶도 꿈도 희망도 모두 물거품처럼 사라졌어.
너 없는 자리에서 너 없는 시간과 공간을 통과하는 것이
얼마나 힘들고 괴롭고 허무한 것인지를 우리는 뼛속 깊이
새기고 있단다.
너 없는 방, 너 없는 집, 너 없는 성당, 너 없는 자리,
너 없는 도시, 너 없는 이 나라, 너 없는 지구별은
내게는 그냥 빈 무덤 같아. 사진 속의 너를 보고 또 봐도
네가 너무 그립고, 불러도 불러도 대답 없는 네가 사무치게
보고 싶어서, 꿈에서라도 네가 와주기를 간절히 바라건만
딱 한 번 너와 부둥켜안고 펑펑 울던 기억 이외에는
어린 시절의 모습으로만 나타나고, 그마저도 애타게 너를 찾아
헤매다가 꿈에서 깨곤 하니 기약도 없고 끝도 없는 이 슬픔과
고통에 숨조차 쉬기도 어렵구나.
성호야, 우리 눈에 너희가 보이지 않아도, 만져지지 않아도
우리 곁에 있는 거지?
너를 멀리 보낼 수 없는 우리는 그렇게 믿는다. 그렇게 믿고서라도
견뎌 내야 하니까……. 그 말 이외에는 무슨 말도 들리지 않고
위로가 되지 않으니까……. 가사가 너무 좋다며 내게 들려주던
노래 "천 개의 바람이 되어"가 너희의 추모곡이 되어 울려 퍼지고,
너와 함께 노래 부르며 뛰놀던 화랑유원지가

너희의 분향소가 되고,

신고 갔던 신발만 천 갈래, 만 갈래 해진 채 덩그러니 돌아왔을 때,

2년 전 네가 2년 후 너에게 보낸 편지를 너 대신 받아 들었을 때,

김관홍 잠수사가 뒷일을 부탁한다는 말을 남기고 너희 곁으로

떠났을 때, 시신도 없는 너희 친구들의 장례식이 치러질 때는

멈출 수도 멈추지도 않는 아픔과 분노에 나는 내가 차라리

태어나지 말았으면 좋았겠다고 생각했었다.

한동안은 슬퍼만 하지 말고 울분과 분노도 힘이 되게

기억하고 행동하자고 앞장서기도 했었다.

그러나 나는 아직도 너희 친구들의 『약전』[『4·16 단원고 약전,

짧은 그리고 영원한』]도, 너희 형제자매들의 『다시 봄이 올

거예요』도, 엄마, 아빠들의 『금요일엔 돌아오렴』도, 너희 희생과

관련된 책들의 책장은 넘기지도 못하고 있다.

이 망령된 사회 속에서 정신 똑바로 차리고

너희 희생의 진실을 찾아 기록하고 되새겨도

모자랄 판에 이리도 나약하고 어리석은 내가

너무도 부끄럽고 미안하고 죄스럽구나.

나라가 망해도 국민의 생명을 희생시켜서라도 사리사욕만 채우려

악행을 일삼던 무소불위의 정권이 권력 유지를 위해

죄 없는 어린 너희를 죽음의 바다로 내몰고, 공권력을 이용해

참혹하게 학살하고, 언론을 이용해 생중계도 서슴지 않았고

보도 지침을 일삼던 잔혹한 범죄 국가였다.

학살을 공모한 장본인들, 협조자들, 방관자들은 책임을 회피하고

망각을 강요했고 피로감을 조장하며 마치 악마의 화신들처럼

최악을 행했다.

꽃 같은 너희가 통한의 바다로 끌려들어 가던 그날,

우리는 속수무책으로 당하며 참혹한 고통과 비통함 속에서도

이 나라가 내 나라라는 것이 너무나 창피하고 부끄러웠다.

용산 참사 때, "인간이 어쩌면 저렇게 악할 수가 있어요?"

"어른들은 어떻게 일상으로 돌아갈 수 있어요?"라고 묻던

네게 응답하지 못한 이 땅의 어른들이 저지른 죄로,

아무 죄 없는 너희 목숨마저 빼앗겨 버린 것이지.

나라 곳곳이 국가 폭력의 희생자와 피해자로 넘쳐 나는데도

어느 것 하나 해결된 것이 없구나.

무수히 많은 희생과 피의 대가 위에 누리는 삶을 잊고

나만 아니면 된다는 무관심이

최소한의 공동선마저 무너뜨린 나라다.

그러니 용서하지 마라.

그날 이후 대한민국은 아무것도 바뀐 게 없다.

대한민국은 민주주의도 법치국가도 아니다.

네가 자주 한숨 지으며, 친일 청산을 못 한 역사에서

재앙이 시작된다고 안타까워했던 그대로다.

정의는 사라지고, 부정부패가 창궐하고,

민중을 개돼지 취급하며 지록위마의 속임수에 악행만

일삼는 족속들이 너희 목숨을 앗아갔다.

너희 억울한 목숨 값으로 우리는 쳇바퀴 속에 갇힌 민중을 깨웠고

촛불 혁명의 힘으로 겨우 정권 하나 바꿨을 뿐,

누가 죽였는지 뻔히 드러나는데도 진실은 오리무중이고

뻔뻔한 범죄의 책임자들은 권력 뒤에 꼭꼭 숨었구나.

세월호 학살은 여전히 현재 진행형이고 나라 곳곳에서는

안전 불감증의 또 다른 참사가 멈추지 않고 있어.

안전도 돈으로 환산하고 있으니 안전 강화는 말만 무성할 뿐,

속도는 내지도 못하고 변죽만 올리는 수준이니

진흙탕 속 이 죽음의 그림자를 언제쯤 걷어 낼는지.

촛불 혁명으로 나라를 나라답게 하고 국민과 함께 가겠다는
선한 정권을 세웠지만, 단지 청와대 권력만 바뀌었을 뿐,
재벌, 언론, 정치, 경제 권력, 지식층 권력, 종교 권력 어느 하나
바뀐 게 없으니 선한 권력은 힘조차 쓰기가 어렵고
청산하지 못한 부패한 소수 권력자들의 부당 거래는 여전해서
민중들의 울분과 분노는 가실 날이 없단다.
촛불 민심은 더 이상 가짜 정치, 가짜 언론, 가짜 위로,
가짜 행복에 빠져들지 않을 거라 믿어.
깨어 있는 시민의 힘으로 선한 촛불 정부와 함께
적폐 청산과 사회 시스템 개혁을 해나가야만 민주주의도
법치주의도 한 걸음 더 다가가게 되고 세월호 진실도
밝혀내게 될 거야.
미안하고 미안하다.
너희 넋이라도 편히 쉬게 해야 하는데
아직 아무것도 한 게 없구나.
하늘도 너희의 영혼이, 온갖 굴욕과 박해를 참아 견디며
진실을 찾는 우리를 돕고 있다고 믿는다.

사랑스럽고 정의로운 성호가 사무치게 그리운 날에,
엄마가.

박예슬

리 예슬이 금방 온다고. 기다리라구 했으니까

마는 기다려. 우리딸 기다려. 기다리는것

에 할수있는게 없지만, 그것 밖에 못해서

마는 우리딸 기다려 …

슬아! 기다림은 다시 만나기 위해서 존재

는 단어래. 명복은 다시 가기위해서 존재

는 단어구 …

래서 엄마는 기다리는 거구 속절없는

기둥 때문에 우리 딸과의 만남이 상상

현듯 보거만 가슴에 두도 없는 그늘.

오늘도 알람 소리에 눈을 뜨면서 내 딸 생각에 예슬이 불러 보고,

낮 시간에 길을 걷다 보이는 것들, 지나다니는 아이들을 보며

예슬이 불러 보고, 저녁 시간 어두워진 하늘에 떠있는 별과

달을 보며 예슬이를 부르네.

하루 종일 우리 딸 생각을 하고

우리 딸 이름을 부르며 지낸 시간이 4년…….

엄마의 그리움과 바람, 외침은 그저 허공에 메아리 되어

심장을 헤집는 아픔으로 돌아오는구나.

예슬아! 내 딸아!

엄마, 아빠는 오늘도 그날에 머물러 있어.

4년이 흐른 지금도 우리 예슬이 수학여행 보내던

그날, 그 시간에…… 헤어 나올 수 없는 이 머무름에,

시간은 10년, 20년이 지나도 계속되는 진행형이겠지?

하지만 예슬이를 다시 안아 보고 싶다는 그 기다림에

시간이 아프면서도 설렌다.

마치 예전에 너를 보며 가슴 두근거리던 그때처럼,

보고 있어도 가슴 설레고 예슬이가 우리 딸이라는 게

너무 좋아서 가슴 벅차던 그때처럼…….

엄마가 우리 딸 기다리는 거 알지? 수학여행 보내던 그날부터

엄마의 심장에서 예슬이가 숨 쉬고 있다는 거 알지?

예전과 똑같이 걱정하고 있다는 것도 알지?

예슬이는 다리가 약해서 조금만 걸어도, 조금만 오래 서있어도

다리가 아프다고 했었는데 수학여행길이 너무 길어지고 있어서

다리라도 아파하는 건 아닌지 걱정되고, 울보인 우리 딸이

엄마, 아빠 보고 싶다고 울고 있는 건 아닌지 걱정되고…….

예슬아! 친구들하고 재미나게 놀다가, 맛있는 거 많이 먹다가,

좋은 거 많이 보다가 힘들고 지쳐서 엄마 생각나면

언제라도 "엄마." 하고 불러 줘. 그럼 엄마가 한달음에 달려가서

우리 이쁜 내 딸, 가슴에 꼭 안아서 재워 주고,

우리 딸 엄마 등에 업고 둥개둥개 해줄게.

우리 예슬이 손잡고 같이 다닐게.

그땐 잡은 손 꼭 놓지 않고,

우리 예슬이 안은 가슴 절대 펴지 않고,

등에 업은 예슬이 떨어뜨리지 않을게.

아무도 빼앗아 가지 못하게…….

우리 예슬이 금방 온다고, 기다리라고 했으니까

엄마는 기다려. 우리 딸 기다려.

기다리는 것밖에 할 수 있는 게 없지만,

그것밖에 못 해서 엄마는 우리 딸 기다려.

예슬아! 기다림은 다시 만나기 위해서 존재하는 단어래.

멈춤은 다시 가기 위해서 존재하는 단어고…….

그래서 엄마는 기다리는 거고, 속절없는 그리움 때문에

우리 딸과의 만남이 잠시 멈춘 듯싶지만

가슴에 두 손 얹는 그날, 그리움의 끝이 보이는 그날이 오면

우리 딸과 웃으며 행복하다 말하며 두 손 잡고 걸어갈 수 있겠지?

예슬아! 못난 부모라서, 가진 게 많지 않았던 부모라서

항상 미안했었는데 그런 부모를 늘 사랑한다 말해 주던,

괜찮다 응원해 주던 우리 딸……

하고 싶던 것도, 가고 싶은 곳도 참 많던 우리 딸…….

엄마, 아빠는 그런 딸을 위해 해주고 싶은 것,

해줘야 할 것들이 아주 많았었는데…….

아무것도 해줄 수 없는 건 지금도 마찬가지니

역시 엄마는 여전히 못난 엄마인 것만 같구나.

이젠 못난 엄마 그만하고 싶었는데…….

예슬아! 돌아올 생에서는 헤어짐 없는 아빠, 엄마의 딸,
예진이의 언니로 꼭 다시 만나자.

엄마는 밝게 웃던 예슬이가, 코맹맹이 소리로 불러 주던
"엄마."라는 목소리가 너무도 그리워. 너무도 듣고 싶다.

눈 감으면 잡힐 것 같은 내 딸 예슬아.

사랑한다는 말로는 부족한 내 딸.

엄마에겐 너무도 소중한 보물 같았던 내 딸.

그리움으로 가슴 시리게 만드는 내 딸, 내 새끼.

엄마는 오늘 밤도 널 생각해.

엄마는 오늘 밤도 외쳐 본다, 예슬아!

보고 싶어. 보고 싶어. 미치게 보고 싶어, 예슬아.

박예지

의 얘기를 하면서 웃곤 한단다.

그 인해 많이 웃었던 날들을 생각하며

의 대한 아픔보다 너를 기억할려는

관들이 많다는 것을 알게 되곤한단다

엄마, 아빠 너에게 갈때까지

1 많이 웃으며, 보고, 듣고, 느끼며

1에게 갈게.

너에게 웃으면서 갈수있게 그곳에게 지켜

2014년 나의 꿈(2014년 1월 어느 날).

2013년 살을 빼자고 마음먹었지만 사실 빼지 못하고
2014년에는 좀 더 열심히 살을 뺄 것이고
열심히 공부해서 한양대 ERICA 캠퍼스 컴퓨터학과
들어가서 꼭 컴퓨터 소프트웨어 개발 관련 직업을
가지고 싶다는 생각이 완전 절실하다!
꼭 열심히 해서 성적 올릴 것이다.

하늘나라로 유학 떠난 예지에게.

예지야, 그곳에서 너의 꿈을 이루고 있지?
힘들고 힘든 이 세상에 꿈이 있다는 것이 얼마나 기쁘고
행복한 일인지 누구보다 더 잘 아는 우리 예지니까.
엄마, 아빠, 그리고 네 동생도 너를 그리워하며
매일 보고 싶어 하면서 하루하루를 살아가고 있단다.
힘든 날일수록 더욱 네가 보고 싶은 날들이 많지만,
어디에선가 우릴 지켜보고 있을 네가 생각나
더 열심히 살아가려고 노력하고 있어.
맛있는 걸 먹을 때나 좋은 걸 볼 때마다
너와 함께였으면 좋겠다는 생각이 많이 든단다.
너와 함께 갔던 모든 곳은 그대로인데,
너만 없는 이 시간들이 너무 속상하고 야속해 울어 보기도 한단다.
그럴 때마다 네가 어렸을 때부터 커가는 모습을 봤었던
삼촌들이랑 이모들이랑 만나면 너의 얘기를 하면서 웃곤 한단다.
너로 인해 많이 웃었던 날들을 생각하며
너에 대한 아픔보다 너를 기억하려는

사람들이 많다는 것을 알게 되곤 한단다.

엄마, 아빠 너에게 갈 때까지

더 많이 웃으며, 보고, 듣고, 느끼며 너에게 갈게.

너에게 웃으면서 갈 수 있게 그곳에서 지켜봐 줄 수 있지?

그때까지만 잠시 기다려 줄 수 있지?

우리 착한 딸 예지니깐 엄마는 걱정 안 해.

그곳에서 친구들이랑 재미있게 잘 지내고 있으렴.

다시 만날 그날이 올 때까지

네가 없는 이 세상, 네 몫까지 열심히 살다 갈게.

너에게 많은 얘기를 해줄 수 있게.

그때까지 잠시만 기다려 줄래?

너를 사랑하는 엄마가.

박인배

친구들과 축구한다고 나갈땐 엄마는 기뻤지
엄마가 해준 음식은 무엇이든 맛있다고 해주던
먹고 싶은것 있으면 스스로 배워서 해먹었던
엄마 앞에 서서 음식의 간을 봐 주던 너
속마음을 밖으로 표현을 하지 않아
너가 힘든지도 몰랐지. 지금 지나고 보니 너가
하는 행동 행동들이 너 자신 스스로 한집에
가장이라 생각했던 것 같구나
엄마는 항상 웃는 너를 보며 하루하루 살
희망이자 행복이었는데 . .

사랑하는 아들 박인배.

열여덟 번째 생일을 축하한다.
친구들과 생일 파티 하며 즐거운 시간 보낼 지금,
생전에 좋아했던 음식을 차렸어. 맛있게 먹어라.
아들, 생일 축하해. 즐거운 시간 보내.
여기처럼 친구들과 맛있는 것도 먹고
노래방도 가고 게임도 하며 즐겁게 지내.
이곳은 잊고 편히 쉬어. 언제나 엄마는 아들 사랑해.
생일 축하한다. 보고 싶다.

열아홉 번째 생일을 축하한다.
이제는 보고 싶어도 보지 못하고,
만지고 싶어도 만질 수 없지만
엄마가 언제나 사랑하는 거 알지?
아들, 착하고 귀여운 우리 아들,
엄마를 먼저 챙겨 주고 언제나 혼자 알아서 하는 엄마 아들.
하늘나라에서도 친구들과 재미있게 지내고 있겠지?
꿈속에서는 엄마를 못 보고 지나쳤지만
훗날 엄마를 만나면 얼굴 잊어버리지 마.
사랑한다, 아들. 엄마 아들로 짧게 살았지만,
엄마는 우리 아들이 엄마에게로 와서 기쁨이었고 행복했다.
잊지 않고, 우리 아들 영원히 살아서
엄마 곁에 있다고 믿고 살 거야.
하늘에서 아빠하고도 잘 지내. 사랑한다.

스무 번째 생일을 축하한다.

사랑하는 아들아! 기억나니?

아주 오랜 미래에서 우리라는 운명으로 엮어 주신 그 사랑.

아들과 엄마.

긴 기억의 미래에서 모자간의 숙명으로 이어 주신 그 긍휼.

엄마의 탯줄을 이어 열 달을 함께 호흡하며 한 몸으로 이어진,

하늘이 주신 선물.

유치원 보내고 초등학교를 입학하며 둘이 같이 설레던 은혜.

네 살 터울 동생 손을 잡고 걸어가던 네 뒷모습에

눈시울이 뜨거웠지.

초등학교 1학년 입학하고 6학년 졸업할 때까지

엄마 속 한 번 썩이지 않고 선생님 말씀 잘 듣고

친구와도 잘 지내고 웃음이 많았던 너!

웃음 많고 활달했는데 아빠의 갑작스러운 빈자리에

말수가 적어지고 친구들도 멀리했던 너.

엄마는 너무 안쓰러워 밖에 나가서 친구들과 놀고 오거나

게임 하고 오라곤 했지…….

친구들과 축구 한다고 나갈 땐 엄마는 기뻤지.

엄마가 해준 음식은 무엇이든 맛있다고 해주던 너.

먹고 싶은 것 있으면 스스로 배워서 해 먹었던 너.

엄마 옆에 서서 음식 간을 봐주던 너.

속마음을 밖으로 표현하지 않아 네가 힘든지도 몰랐지.

지금 지나고 보니 네 행동들이 너 스스로

한 집안의 가장이라 생각하며 했던 것 같구나.

엄마는 항상 웃는 너를 보는 것이

하루하루 살아가는 희망이자 행복이었는데…….

너의 빈자리가 너무나 크다. 그립다.

생일 축하한다. 사랑한다, 아들.

스물한 번째 생일을 축하한다.

사랑하는 엄마 아들아!

너를 잃은 슬픔으로 어리석어진 이 엄마는

아직도 네가 영원히 갔다고는 믿어지지 않는구나.

계단을 오르내리는 발소리, 벨 소리가 날 때마다

혹시나 네가 들어오는가 싶어 고개를 돌린다.

길을 걷다가도 비슷한 형체, 비슷한 걸음만 보아도

달려가 앞을 보고 '아! 아니지.' 하며 길을 걷기도 한단다.

금방이라도 달려오며 "엄마, 엄마." 하고 뛰어올 것만 같구나.

지금 이때쯤이면 입대한다고 마음 복잡할 텐데…….

엄마는 군대에서 사건, 사고가 많아 군대 보내기가

두려웠을지 모르지만 늠름한 아들 생각하며

보내고 마음 졸이며 살고 있을 텐데…….

엄마는 네가 성장하는 순간순간 기대되고 가슴 벅찬 마음으로

하루하루 기쁨과 감사함으로 살고 있을 텐데…….

학교생활, 군 생활, 직장, 그리고 결혼, 며느리, 손자·손녀……

네가 엄마에게 온 것처럼 감동의 순간이었을 텐데…….

그런 꿈을 꿀 수는 없지만 우리 아들로 인해

삶의 의미가 있었고 행복했어.

언제나 엄마 아들로 기억하며 생활하고

항상 엄마 옆에 있다고 생각하며 살 거야.

아들, 잘 지내고 있는 거지?

생일 축하하고 성인이 된 것도 축하해.

그곳에선 날마다 즐겁고 행복했으면 해.

숨 쉬는 순간순간마다 그립고, 보고 싶고, 사랑한다.

날마다 인배를 사모하는 엄마가!

박준민

그립고 또 그리운 내아들 박준민
엄마 너없이 잘지내며 행복할 자신
없지만 우리만날 그날까지 아들로
행복하게 잘 지내고 있어.
다음생에도 엄빠 아들로 태어나주련
더 많이 사랑해주고 더 많이 내어주고
더 많이 안아주고 더 많이 아껴줄게

나의 사랑, 나의 분신 준민아!

1997년 11월 20일 11시 47분,
열다섯 시간의 진통 끝에 엄마 곁으로 찾아온
천사 같은 내 새끼.
넌 온 집안의 축복 속에 태어난 보석 같은 아들이었어.
널 만나고 엄만 세상에서 제일 행복한 엄마가 되었지.
초보 엄마가 되어 모든 게 서툴기만 한 엄마는
너와 함께 밤을 새우고,
네가 아프면 너보다 엄마가 더 많이 아파하고,
네가 웃으면 엄마도 행복해서 웃고,
첫 젖니가 났을 때도 첫걸음마를 떼었을 때도,
처음으로 "엄마."라고 불렀을 때도
널 아는 모든 이에게 전화해서 호들갑을 떨었지.
넌 우리 집안의 행복이자 축복이었단다.
그렇게 너와 난 내 피와 살을 함께 나눈 한 몸이 되어
평생 엄마 곁에 있어 줄 거라 생각했는데…….
결혼한 지 2년 만에 어렵게 얻은 널 안고 세상 누구보다
행복하고 사랑받는 아이로 키워야겠다고 엄만 다짐했단다.
오늘로 우리 아들 못 본 지 1,392일이 되었구나.
아직도 엄만 믿기지가 않고, 그리 허망하게 널 보낸 걸,
내 곁에 없는 걸 믿고 싶지 않고 인정하기 싫단다.
아직도 너의 목소리, 너의 숨결이 곁에서 느껴지는데
어떻게 엄마 곁에 내 새끼가 없다는 걸 믿을 수가 있겠어.
너의 모든 것이 아직도 그대로인데…….
너의 모든 것을 하나라도 기억하지 않고,
간직하지 않은 것이 없단다.

내 새끼가 이 세상에 나와 처음 입었던 배냇저고리,
처음 자른 배냇머리, 처음 자른 너의 손톱, 너의 탯줄까지
엄만 어느 것 하나 소홀하지 않고 간직했는데……
우리 아들을 볼 수 없다니,
엄만 참…… 사는 게 재미없고 행복하지가 않구나.
너의 친구들은 군대에 가고 벌써 제대해,
거리를 지날 때면 엄마에게 달려와 인사를 한다.
엄만 혼자 울컥해 주체할 수 없는 눈물을 참을 수가 없어.
또다시 우리 아들만 내 곁에 없는 게 원망스럽고 미안해서
가슴이 미어진다.
그렇게 너와 함께한 시간이 16년 4개월 26일.
때론 울고 때론 웃으며 우리는 늘 그렇게 함께였지.
모든 부모가 그렇듯이 나의 마지막을
자식이 지켜 줄 거라 믿었는데,
엄마가 너의 마지막을 지키다니
이리도 기막힌 일이 또 어디 있겠니.
엄만 매일 밤 기도한단다.
사랑하는 내 새끼, 내 보물, 너무 보고 싶고,
안고 싶고, 만지고 싶고, 엄마의 전부였던 내 강아지……
오늘 밤은 꼭 엄마 보러 와달라고,
널 만나면 잡은 손 절대 놓지 않을 거라고…….
시간이 지날수록 더욱 사무치게 그립고 보고 싶다.
너 없이 가는 시간이 야속하고 아무 의미가 없어.
넌 착한 효자였으니 아픈 곳도 없고 힘든 곳도 없고
행복한 곳에서 잘 지내고 있지?
엄마가 마지막 다하는 날 꼭 우리 아들 만나러 갈게.
엄마 기다리고 있어.

우리 다시 만나면 이곳에서 함께하지 못한 모든 것
오래오래 함께하자.
그땐 내 새끼 손 절대 놓지 않을 거야.
꼭 안고 안 놔줄 거야.
숨 막힌다고 해도 안 풀어 줄 거야.
맘껏 만져 보고 안아 보고…….
알았지? 귀찮다고 힘들다고 하면 안 돼.
그립고 또 그리운 내 아들 박준민.
엄만 너 없이 잘 지내고 행복할 자신은 없지만
우리 만날 그날까지 아들로 행복하게 잘 지내고 있어.
다음 생에도 엄마 아들로 태어나 주면
더 많이 사랑해 주고 더 많이 내주고 더 많이 안아 주고
더 많이 아껴 줄게.
우리 아들이 가장 좋아하는 말,
"내 모든 걸 다 줄 만큼 사랑한 금쪽같은 내 새끼."
사랑하고 사랑한다.

영원히 사랑하는 엄마가.

박지우

만지고 싶고 손 꼭잡고 다시는 산다
너무 미안하고 사랑한다
다음 세상에 태어나면 더욱더 행복
하고 너의 꿈을 마음껏 펼치는
세상에 태어나라
다시한번 미안하고 너무너무 사랑한
하늘 나라에서 꼭 만나자 약속
할말이 너무너무 많은데 자꾸 막
간다

사랑하는 내 딸에게.

너무나 보고 싶은 내 딸, 만지고 싶은 내 딸.

그러나 지금은 볼 수도 만질 수도 없다.

가슴을 후벼 파고 온몸이 저리도록 생각난다.

오늘 밤 사랑하는 내 딸에게 편지를 쓰면서

더욱더 생각나 잠 못 이룰 것 같아.

사랑하는 딸과 같이했던 생활이

가슴 저미도록 스쳐 지나간다.

이 비참한 부모의 심정을 어떤 이가 알리요.

하늘의 별이 알아줄거나.

식구들도 깍듯이 챙기고 말썽 한 번 부린 적 없는

너무나 가엾고 사랑스러운 예쁜 내 딸.

예쁜 아가, 사랑스러운 나의 아가.

엄마가 편지를 쓰면서 남다른 미안함을,

다시 한 번 미안함을 느낀다.

태어나 9개월 되는 해에 외갓집에서

여섯 살 때까지 쭉 자라면서도

투정 없이 예쁘게만 자라 준 내 딸.

그래서 엄마는 더욱더 미안하고 죄책감이 떠나지 않는다.

우리 예쁜 아가. 남들의 귀여움도 독차지했던 사랑스러운 내 딸.

다른 부모들처럼 챙겨 주지도 못하고, 무심한 부모……

그러나 지금까지도 너무나 착하고 예의 바르고 예쁘게 커준 딸이

엄마는 항상 자랑스러웠다.

얼마 전에 오빠와 같이 우리 예쁜 딸을 보러 갔었지.

저녁이라 보는 이가 없어 엄마가 통곡을 하면서,

"아가, 지금 이 밤에 춥고 어두운데 여기에 있는 거야?

집에 가자, 집에 가자."

아무리 소리쳐도 만질 수도 없고 볼 수도 없었어.

불쌍한 내 딸. 지금 이 순간만이라도 만질 수 있고

볼 수만 있다면 하늘나라에라도 가고 싶다.

하늘나라에 가면 사랑하는 우리 딸 만날 수 있을까? 대답 좀 해줘.

만지고 싶고 손 꼬옥 잡고 다니고 싶다.

너무 미안하고 사랑한다.

다음 세상에 태어나면 더욱더 행복하고

너의 꿈을 마음껏 펼치는 세상에 태어나 다오.

다시 한 번 미안하고 너무너무 사랑한다.

하늘나라에서 꼭 만나자. 약속.

할 말이 너무너무 많은데 자꾸 말이 끊긴다.

엄마는 누워서 생각하면 열 장, 아니 백 장도 쓸 말이 있는데…….

미안, 친구들하고 외롭지 않게 잘 지내.

꼭 다시 만나자. 내 딸, 사랑해.

2018년 2월 6일,

너무나 사랑하는 딸에게, 엄마가.

박홍래

마가 쪽지 보낸것이 고이 접어 있는걸
구 너무나 가슴이 아팠는데...
엄마 사랑해요" 라는 마지막 글에 늘 남겨
있는 말이었는데... 지금은 너에게 답장을
받을수 없는 편지를 쓰고 있구나...아니
래는 엄마 편지 읽고 엄마 가슴속으로
어와 이야기 해 주겠지?
랑하는 우리 흥래... 엄마가 지금은
래와 함께한 시간이 너무 짧기에 너에게
지로 할수 있는 말이 아직 많지가 않네...

엄마가 이렇게 홍래에게 쪽지를 남기거나 편지를 쓰면
내 아들 홍랜 엄마에게 꼭 답장을 해주었는데…….
너의 지갑 속에서도 엄마가 보낸 쪽지가 고이 접혀 있는 걸 보고
너무나 가슴이 아팠는데…….
"엄마 사랑해요."라는 말이 글 마지막에 늘 남아 있었는데
지금은 너에게 답장을 받을 수 없는 편지를 쓰고 있구나.
아니, 홍래는 엄마 편지 읽고 엄마 가슴속으로 들어와
이야기해 주겠지?
사랑하는 우리 홍래.
엄마가 지금은 홍래와 함께한 시간이 너무 짧기에
너에게 편지로 할 수 있는 말이 이젠 많지가 않네.
잘 지내고 있는지, 아픈 곳은 없는지, 얼마나 멋진 아들이 되었는지,
이렇게밖에 물어볼 수가 없네.
함께하며 많은 것을 물어보며 이야기할 수 있는 것이 없기에
그저 잘 지내는지, 아픈 곳은 없는지 이런 말들만 물어보는구나.
엄마가 너무나도 미안하다는 말밖에 없구나.
우리 홍래 사진으로만 웃는 너의 모습을 바라보는 것도
4년이 되어 가는구나.
아직도 숫자 '1'이 지워지지 않는 가족 톡방을 보면
우리 홍래가 올 것만 같은데…… 시간은 야속하게 지나가 버리네.
홍래도 그곳에서 아빠, 엄마, 형아…… 하루 일상생활의,
가족 톡방에 올리는 글을 보며 다 바라보고 있겠지?
우리에게 새겨져 있는 문구처럼,
"내 가족은 나를 살아가게 하는 심장이다."
우리 네 식구의 가슴속에서 늘 함께하고 있는 거야.
홍래야! 너에게 지금 글을 쓰는 시간,
이곳은 눈이 많이 내리고 있어.

눈이 오면 형아와 홍래가 너무나 좋아해서

늦은 시간에도 밖에 나가곤 했는데…….

모든 시간이 다 그리움으로 남는구나.

즐거웠던 모든 추억이 다 그리움으로만 남아 버렸네.

함께하지 못하는 것이 너무나 가슴 아프고 힘들구나.

형아와 함께한 시간이 제일 많았던 홍래,

너와 제일 많은 시간을 보냈던 형아…….

형아도 이제 너와 함께한 추억을 가슴에 새기며

먼 곳에서 홀로서기를 하며 지내고 있어.

엄마는 너에게 이곳에서의 생활을 자주 글로 쓰며 보내 줄게.

우리 홍래, 나중에 엄마 만나면

우리 홍래가 지내 왔던 이야기를 엄마에게 전해 주렴.

눈웃음이 너무나 이쁘고 꿈도 많았던 내 아들……

엄마의 늘 껌딱지인 내 아들 홍래……

엄마는 네가 그곳에서 늘 고통 없이 행복하기만을 바란다.

사랑하는 우리 홍래…… 엄마가 너무나 많이 보고 싶다.

사랑한다.

배향매

마음으로 사랑하는 딸을 그리면서, 하루를 죽지 못해 살아가는 것이다. 오늘도 사랑하는 그들을 그리면서 귀여운 딸에게 아빠의 말을 보내고자 필을 든 것이다. 아빠, 엄마의 진한 슬픔과 애도를 꼭 알아 줄수 있겠지?

그릴 향매야!

그리고 너를 믿지 못해지만 지금은 그곳에서 잘 있으리라고 믿는가, 어버, 형무, 조카유이도 이제는 행복한 한가정이 되어서 잘지고 있는 것이다. 아빠, 엄마는 귀엽둥이 너우 언제나 그리움에 싸이는 사랑하는 딸 향매에게.

유수 같은 세월은 빠르기도 하지?
너를 보내고, 아빠, 엄마, 언니, 그리고 형부조차
우리 온 집안 식구는 하루가 10년, 아니 백 년 같은 세월을
지내는 것 같았는데 4년이라는 세월이 흘러갔구나.
그동안 우리 예쁜 딸, 자랑스러운 딸,
아빠와 엄마 눈에 넣어도 안 아픈 딸 향매야,
그곳에서 몸 건강히 잘 지내고 있지?
지금은 대학은 잘 다니고 있지?
아빠, 엄마는 우리 딸 믿는다.
유학도 가고, 모든 꿈 다 이루고 항상 그곳에서도
남부럽지 않게 잘 지내고 있기를 아빠, 엄마는 바라는 바이다.
사랑하는 딸, 귀한 공주야!
아빠는 매일매일 교복 입은 학생들만 보면
귀한 딸을 본 듯이 눈물로 쳐다보곤 하는 것이다.
우리 딸, 정말 아빠, 엄마의 딸로 태어나 줘서
고맙고 자랑스러웠는데
지금 아빠, 엄마를 이별하고 저세상으로 먼저 갔으니
아빠, 엄마의 마음속에는 항상 먹장구름 같은 마음으로
사랑하는 딸만 그리면서, 하루하루 죽지 못해 살아가는 것이다.
오늘도 사랑하는 딸을 그리면서 귀여운 딸에게
아빠의 난필(亂筆)을 보내고자 필[펜]을 든 것이다.
아빠, 엄마의 진실한 슬픔과 애도를 꼭 알아줄 수 있겠지?
딸 향매야!
그리고 너는 보지 못했지만 지금은 그곳에서
잘 보고 있으리라고 믿는다.

언니, 형부, 조카 류준이도 이제는 행복한 한 가정이 되어서
잘 지내고 있는 것이다.
아빠, 엄마는 너의 조카 귀염둥이 류준이는
그곳에서 너희가 보내 준 것으로 생각하고 있으니
너희가 그곳에서 진심으로 류준이를 잘 지켜봐 주고 항상
언니, 형부, 조카 류준이의 건강을 잘 챙겨 주었으면 바라는 바이다.
아빠가 너희에게 요구와 부탁이 너무 많은 것은 아닌지?
배운 것 없는 아빠를 양해해 다오.
지금 이 필을 든 시각에도 눈물이 앞을 가려서
더 써내려 갈 수가 없구나!
한낱 한시라도 보고 싶은 딸 향매야!
그곳에서도 이 세상에 살 때와 같이 항상 활발하고
밝게 살고 있기를 바란단다.
그리고 언제나 선생님과 친구들과 잘 단결하고
이 세상에서 못다 한 모든 걸 다 이루고,
모든 꿈 다 깨워 가기를 바란다.
그럼 오늘은 이만 난필을 마치면서 우리 사랑하는 딸,
그곳에서도 꼭 열심히 대학도 잘 다니고
앞으로 꼭 너희가 가겠다는 유학도 가기를
아빠, 엄마는 기대하면서 살아갈게.
사랑하는 딸, 안녕!

2018년 2월 3일,
아빠 씀.

백승현

...가! 엄마는 그렇게 가기싫다던 아빠랑둘이
...앞에 알콩달콩 손편지를 뒤로하고 아까방각용이
... 있으면 은지아룩 이사룩 …

... 와보니 딱하나 좋은건이 있네

...에 별은 북두까있는게

... 밤하늘 보면서 우리승현이 별 찾아 제일 예쁜

... 제일 반짝이는 별을걷더 우리승현이 별로여

... 이야기할수 있어서 참좋다

... 같은 생각만으로 두서없이 써내려가다보니

... 새벽 해가 뜨네

... 엄마가 하늘만큼 땅만큼 사랑해 ..

... 아끼주록 엄마없는 곳에서 아끼지 말고 감기걸리

... 잘지내고 있어 엄마만날그날까지 엄마가 꼭

사랑하는 아들 승현에게! 보고 싶은 아들 승현에게!

이름만 불러 봐도 보고 싶은 아들 승현아!

우리 승현이한테 편지를 쓰려 하니

엄마 품으로 온 날부터 애기 때 재롱떨던 모습,

너무 심심해서 세 살 때 어린이집에 처음 들어갔던 생각,

처음으로 어린이집에서 한 재롱 잔치 때 생각,

여덟 살 때 쌀쌀한 날씨의 초등학교 입학식 모습,

중학교, 고등학교 입학식 모습이

엄마 머릿속에 주마등처럼 스쳐 지나간다.

이 많은 시간들을 엄마와 같이했었는데…….

승현이가 엄마한테 얼마나 행복을 주고 기쁨이었는지,

모든 것들이 가슴 벅차고 즐거움이었는지,

이 행복했던 기억, 순간을 생각하면

우리 아들이 너무 많이 보고 싶고 보고 싶다.

승현아! 엄마가 컴퓨터 너무 많이 한다고 혼내기도 하고,

공부 좀 더 하라고 했던 것이 후회가 되고,

애기 때부터 그 많은 학원과 과외까지…….

보기만 해도 아까운 아들이었는데……

너무 혹사시켜서 미안하고 미안해, 아들!

청바지에 니트 입고 나가는 모습을 보면서 너무 예뻐서

엄마는 감격스럽기도 했어, 아들!

그런데, 수학여행 간다고 캐리어 들고 가는 모습이

너와 엄마의 마지막이 될 줄은 꿈에도 생각 못 했어.

아! 보고 싶다, 승현아…… 아들.

승현아! 엄마는 아직도, 아니 지금도 우리 아들이

곁에 있는 것 같은 느낌이 많이 들어.

너무 많이 보고 싶어. 그러나 그렇게 생각하다가도

모습을 볼 수가 없어서 가슴이 뭉클하고 조여 오기도 한다.

아들, 얼마나 불러 보고 싶은지!

아니, 우리 아들이 "엄마." 하고 불러 주었으면 하는데,

네가 없어서 엄마 소리를 들을 수가 없어서 슬프다.

승현아!

네가 없는 3년 10개월, 엄마는 너무 많은 것이 바뀌었어.

웃음도 사라지고, 즐겁지도 않고, 살아가는 것이 아무 의미가 없네.

우리 아들이 있었으면,

대학 간다고 수능 시험장에 가서 엿도 붙여 보고,

고등학교 졸업식장, 대학 다니는 모습,

휴학계 내고 군대 가는 모습,

엄마가 잘하는 음식 싸서 아들 면회도 다니면서

언제 제대하나 손꼽아 날짜도 세보고,

해보고 싶은 것이 너무나 많았는데,

이 모든 것들을 네가 없어서 해볼 수도 없고…….

제대하면 대학 졸업해서 직장 다니는 것도 대견하고,

여자 친구 만나서 연애하는 거, 그 훗날 결혼하는 모습…….

아…… 얼마나 보고 싶은 것이 많았는데…….

이런저런 생각 하면 너무 속상하고 하늘이 야속하다.

왜 우리 아들을…….

승현아!

엄마는 그렇게 가기 싫다던 아빠 고향으로 이사를 왔어.

알콩달콩 살던 집을 뒤로하고, 네가 있으면 오지 않을 이사를…….

막상 와보니 딱 하나 좋은 것이 있네.

하늘에 별을 볼 수가 있는 거.

밤마다 밤하늘 보면서 우리 승현이 별 찾아.

제일 예쁘고 제일 반짝이는 별을 보며,

우리 승현이 별 보며 아들하고 이야기할 수 있어서 참 좋다.

이렇게 보고 싶은 생각만으로 두서없이 써내려 가다 보니

벌써 새벽 해가 뜨네.

아들, 엄마가 하늘만큼 땅만큼 사랑해.

아무쪼록 엄마 없는 곳에서 아프지 말고 감기 걸리지 말고

잘 지내고 있어. 엄마 만날 그날까지.

엄마가 꼭 만나러 갈게. 사랑해, 아들!

2018년 2월 7일,

아들이 보고 싶은 엄마가.

백지숙

지숙이라는아이

노오란 프리지아꽃을 좋아하는아이

보라색을 좋아하는 아이

경찰이 되고 싶었던아이

색소를 좋아하는 아이

손재주가 많은 아이

글씨를 이쁘게 쓰는 아이

지숙이라는 아이,

노오란 프리지어 꽃을 좋아하는 아이,

보라색을 좋아하는 아이,

경찰이 되고 싶었던 아이,

엑소를 좋아하는 아이,

손재주가 많은 아이,

글씨를 예쁘게 쓰는 아이,

책 읽기를 좋아하는 아이,

이해와 배려가 많은 아이,

엄마보다 아빠를 좋아하는 아이,

동생을 잘 챙기는 아이,

친구를 좋아하는 아이,

볼살이 통통한 아이,

웃는 모습이 예쁜 아이,

노래를 잘 부르는 아이,

먹는 모습이 예쁜 아이,

정리, 정돈을 잘하는 아이,

생머리보다 똥머리가 잘 어울리는 아이,

하고 싶은 게 많은 아이,

보고 싶은 아이,

그리운 아이,

사랑하는 아이,

엄마, 아빠 딸 지숙이입니다.

P.S.

보고 싶은 만큼
생각나는 만큼
그리운 만큼
사랑하는 크기만큼
미안해하며 살아가련다.

내가 너에게.

빈하용

봄이 되어버렸어.

하용아. 진상규명와 너희를 그렇게 죽인 놈

천벌 받을때까지 지치고 힘들더라두 용기

하고 지켜봐 주렴.

이 지독한 그리움와 아픔이 끝나는 날

널 만나는 날이겠지. 그때까지 잘

지내고 있으렴.

사랑한다. 내아들 하용.

2018년 2월

어느 추운날에 엄마가

보고 싶은 하용이에게.

하용아, 너무너무 보고 싶구나.
어렸을 때부터 장난감보단 종이와 연필만 있으면 행복했던 아들.
바쁜 엄마를 위해 동생들 저녁을 챙겨 주던 자상한 아들.
18년 동안 엄마, 아빠한테 항상 존댓말을 쓰고,
사고 한 번 치지 않았던 착한 아들.
태권도를 그만두고 미술 학원에 다니고 싶다고
아빠께 무릎 꿇고 자기 진로를 심사숙고해 자신 있게 말했던 아들.
학교에서 말을 잘 안 한다고 해 물어보니,
"말을 많이 한다고 좋은 게 아니에요.
말로 상처도 줄 수 있으니 아껴야 해요." 했던 속 깊은 아들.
시험 잘 보면 초밥을 시켜 달라고 했던 아들.
사고 전 학원 가는 길에 예쁘게 핀 꽃을 보고
엄마에게 사진 찍어서 보내 주던 아들.
엄마는 너의 엄마여서 너무너무 행복했단다.
곧 4주기가 오겠지.
이젠 예전의 봄이 아닌 아프고도 슬픈 봄이 되어 버렸어.
하용아, 진상 규명되고 너희를 그렇게 한 놈들 천벌 받을 때까지
지치고 힘들더라도 응원하고 지켜봐 주렴.
이 지독한 그리움과 아픔이 끝나는 날이 널 만나는 날이겠지.
그때까지 잘 지내고 있으렴.
사랑한다, 내 아들 하용.

2018년 2월,
어느 추운 날에 엄마가.

서재능

뭐 하나 제대로 이루어진게 하나도 없어
엄마는 너가 남겨준 숙제를 다하기
위해 열심히 살다가 부끄럽지 않게
널 만나러 갈게. 그동안 넌 먼저
보다 더 건강고 더 행복하게 못다한
꿈 이루면서 엄마와 약속한 세계에
자유롭게 많이 하고있어!

　　우리 예쁜 아들 재능아, 너를 끝까지
지켜주지 못해 정말 미안하고
너무너무 보고싶고 　　사랑한다.

우리 귀염둥이 아들 재능에게!

우리 예쁜 아들, 잘 지내지?
너를 못 본 지 벌써 4년이 되어 오는구나.
그동안 얼마나 더 멋지고 예쁘게 잘 자랐을지 상상하게 되는구나.
지금쯤이면 키도 네가 원하는 190센티미터까지 컸을 거고
대학 가서 목적한 바를 이루려고 학업에 매진하고
경쟁 사회에 적응하려고 몸부림치는 성숙해진 너의 참모습을
그려 보곤 하는구나.
그리고 가기 전 엄마와 시간 날 때 세계 여행 다니자던 약속이
하나하나 이루어지는 모습도 상상하게 되는구나.
내 인생 중에서 너와 함께한 17년이 가장 행복했고 소중했어.
학년이 올라갈수록 공부의 소중함을 알고
공부에 열중하고 독서하는 너의 모습을 보고 너무나 행복했고,
돈 절약하고 모은 너의 모습을 보고 너무나 어른스럽고 대견했고
모든 걸 스스로 해결하려는 자립심을 보고 놀랍고 가슴 뿌듯했어.
그래서 '내가 참 아들 하나는 잘 낳았다.'는 생각에 매일매일
세상을 다 가진 듯한 기분으로 행복에 겨워 살았던 기억이 난다.
매일 아침 6시면 밥 차려 먹이고 와이셔츠, 바지를 다림질해서
샤워하고 나온 너를 깔끔한 차림으로 갈아입혀 학교에 보내고
출근하는 내가 너무 행복했어.
그리고 가끔 쉬는 날이면 재능이랑 같이 영화 보러 갔던
기억도 너무 좋았고…….
우리 집안의 활력소이자 엔도르핀이고
분위기 메이커였던 네가 없으니
온 세상이 정지된 듯한 느낌이 들어.
네가 간 뒤로 아침밥은 아예 안 해 먹고, 시계도 정지되고,

가끔 티브이 소리하고 숨소리만…….

고요하고 싸한 침묵만 흐르고 있다.

집이 잠만 자는 곳으로 돼버렸어.

이렇듯 너의 부재가 모든 것을 초토화해 버렸어.

세상 무엇을 해도 의미가 없고 행복하지가 않아.

이쁜 것을 보아도 이쁜지 모르겠고

맛있는 걸 먹어도 맛있는 줄 모르겠고

좋은 곳을 가도 좋은지 모르겠고.

오직 내 가슴속, 머릿속엔 우리 재능이 생각뿐.

매일 밤 우리 재능이 생각하며 잠자리에 드는데

꿈을 꾸면 재능이 잃어버려서 재능이 찾아 헤매는 꿈만 꾼다.

우리 아들 정말 너무너무 보고 싶고

한 번만 안아 봤으면 좋을 텐데…….

우리 아들 억울한 죽음 헛되지 않게 엄마가 노력할게.

304명의 고귀한 생명 앗아 간 큰 사건임에도 불구하고

이곳은 아직 진상 규명, 책임자 처벌, 추모공원, 안전 사회 건설,

뭣 하나 제대로 이루어진 게 하나도 없어.

엄마는 네가 남겨 준 숙제를 하기 위해 열심히 살다가

부끄럽지 않게 널 만나러 갈게.

그동안 넌 여기에서보다 더 즐겁고 행복하게, 못다 한 꿈 이루며

엄마와 약속한 세계 여행 자유롭게 많이 하고 있어!

우리 예쁜 아들 재능아, 너를 끝까지 지켜 주지 못해 정말 미안하고

너무너무 보고 싶고 사랑한다.

2018년 2월 9일,

항상 널 그리는 엄마가.

서현섭

제일 아파하는 일이 있는데
성이가 아빠 지갑에서 돈을 꺼내 갔는데
아들이 가져간 돈이 아까워서가
아니라 말하지 않고 가져가는 거는
잘못이라며 엉엉이 때렸던 생각
아들도 날꺼야
아빠는 지금도 그날 일이 가슴에
가시처럼 막혀서 너무도 아파한다.
형영이도 그날일이 생각 난다면
아빠 마음 이해해주고

사랑하는 아들 현섭이에게.

보고 싶고 사랑한다는 말로는 너무도 부족하고
어떤 말로도 표현할 수 없을 만큼 사랑하고 보고 싶어.
너를 생각할 때면 가슴이 너무도 아파서 아무것도 할 수가 없단다.
너희가 있는 그곳에서 행복하길 빌 수밖에 없는
엄마, 아빠는 너무 아프단다.
이곳에서 부족했던 행복,
그곳에서 친구들과 즐겁고 행복했으면 하고 빌게.
섭이가 떠나기 전 일들을 생각해 보면
뭔가 평소와 다른 일이 있었던 거 같다.
우리 섭이는 너무도 착하고 이쁜 아이여서 투정도 모르고
뭐 사달라 조르지도 않았는데, 떠나기 10일 전일 거야.
갑자기 먹고 싶은 것도 많아졌고 당장 해달라고 조르기도 하고
짜증도 많이 냈는데 아마도 그때 우리 곁을 떠나게 될 줄 알고
안아 달라 그랬던 거 아닐까 싶기도 하고…….
학교에서 여행 가는 영수증이 나왔는데 우리에게 말하지 않아서
선생님께 전화받고 여행 가기 이틀 전에 여행비 입금했는데
그때 여행비 끝까지 안 냈다면 가지 않았을 거고,
이렇게 허무하게 보내지 않았을 것을.
혹시 섭이는 가기 싫어서 얘기하지 않았을지도 모르는데
선생님께 전화받고 왜 말하지 않았냐고 물었더니 깜빡했다 했는데
그때 그냥 내지 말았더라면 이렇게 보내지 않았을 것을…….
시간을 돌려놓을 수만 있다면 얼마나 좋을까.

현섭아! 우리 섭이 요즘은 꿈속에서 보이질 않는구나.
꿈에서라도 볼 수 있다면 따듯하게 꼭 안고,

"미안하고 사랑한다. 보고 싶다. 우리 언제나 함께 있을 거다."

말하고 싶은데 꿈속에서도 보이질 않는구나.

우리 섭이, 기타 열심히 배워서

노래 부르며 기타 쳐주겠다고 했는데

그렇게 좋아했던 기타 소리 못 들어 보고

너의 온기가 남아 있는 기타만이 자리를 지키고 있구나.

섭아! 잘생긴 우리 섭이, 대학도 가고 사회생활도 하고

결혼도 하고 섭이 꼭 닮은 아이도 낳고

부모는 할머니, 할아버지가 되고 그렇게 오래오래 살았으면

얼마나 행복했겠니.

남들은 당연히 순서대로 살아가는 그 길이

우리에게는 왜 이렇게 고통스럽니.

맛난 걸 먹어도, 순간순간 웃다가도

섭이 생각에 가슴이 순간 타는구나.

먹먹한 슬픔을 어찌할 수가 없는 것 같다.

아빠, 엄마 죽을 때까지는 매번 가슴 먹먹한 슬픔을

어찌할 수 없을 것 같아.

아빠는 지금도 가끔 속에 있는 아들을 꺼내 보는 것 같아.

혼자 슬퍼하고 쓸쓸하게 눈물 흘리고

집에 들어오면 제일 먼저 섭이 방에 들어가 얼굴 보고

아들의 온기가 남아 있는 기타 만져 보고 축 처진 뒷모습을 보이며

방을 나오신단다.

그런 아빠의 모습도 너무 아프다.

남자들은 표현을 못하기 때문에 혼자 아파하고 슬퍼하는 아빠도

너무 애처롭단다.

우리 가족은 섭이가 떠났다고 생각하지 않아.

단지 잠시 먼 길 떠나 있다고 생각할 뿐이야.
언젠간 우리 다시 만날 거잖아.
섭아, 우리 가족 영원한 거야.
절대 잊지 말아 줘. 그곳에서 친구들과 행복하게 지내면서
가끔은 엄마, 아빠, 누나를 잊지 말고 생각해 줘야 해.
섭이 중학교 때까지만 해도 학교생활 힘들어하다
드디어 고등학생 되고서야 학교생활도 잘하고 성적도 오르고
친구들과도 너무 친밀하게 잘 지내고 있었는데…….
선생님과 통화도 가끔 했는데,
우리 섭이가 성적이 많이 오르고 반 친구 사이에서도
너무나 잘 지낸다고 칭찬하셨거든.
그때 얼마나 기분이 좋았는지 모른다.

착하고 따뜻한 우리 섭이.
아빠는 아들에게 못한 것만 생각난다고 슬퍼하신다.
잘해 준 건 아무것도 생각이 나지 않고
못했던 것만 생각이 나신단다.
제일 아파하는 일이 있는데,
섭이가 아빠 지갑에서 돈을 꺼내 갔을 때
아들이 가져간 돈이 아까워서가 아니라
말하지 않고 가져가는 것은 잘못이라며 엉덩이 때렸던 일,
아들도 생각날 거야.
아빠는 지금도 그날 일이 가슴에 가시처럼 박혀서
너무도 아파한다.
현섭이도 그날 일이 생각난다면 아빠 마음 이해해 주렴.
아빠는 소중한 아들 너무나 많이 사랑하는 마음에서
매를 들었던 거야.

아빠는 매일 한 가지씩 아들에게 못한 거 생각하며 자책하고
미안해하며 섭이 생각에 아직 많이 힘들어하고 있단다.
섭아, 아빠, 엄마 너에게 너무도 부족하고
풍족하게 해주지는 못했어.
그래도 세상 그 무엇보다 사랑했고 섭이가 있어 너무 행복했단다.
이 세상 그 무엇과도 비교할 수 없을 만큼 사랑한다.
섭아, 그곳에서 조금만 기다려.
아빠랑 엄마가 섭이 있는 그곳으로 찾아갈게.
그때 우리 다시 만나서
이곳에서 못다 한 행복, 사랑 넘치게 하자.

아빠가 아들에게 꼭 하고 싶다는 말이 있는데……
섭아, 아빠가 아들 너무너무 사랑하고 미안하고
아빠가 아들 찾아 그곳에 갈 때까지 춥지 말고 슬프지 말고
행복하게 기다려 주라. 곧 아들 곁으로 갈게.
사랑한다, 아들아.

아빠, 엄마.

성민재

너를 향한 우리의 마음은 가슴아픈 사연으로 ~
민재야! 수학여행 떠나기전날 생각나니?
우리 식구들 다같이 저녁먹으면서 너가했던~
평상시엔 삼겹살을 좋아하던 너가. 그날따라
소고기 등심을 얼마나 맛있게 잘먹던지...
친구들이랑 여행가서 힘좀 받아써야겠다고
맛있께 먹던 이들을 생각하면 그나마 조금 위
되는것 같아서. 아빠는 혼자서 그때일을 가끔
떠올리고 있어.

사랑하는 아들 민재야!

하늘나라로 수학여행을 떠나 가슴 아픈 이별을 한 지도
어느새 1,397일이라는 시간이 흘러갔다.
수학여행길이 그렇게도 먼 길인 줄 알았더라면
처음부터 보내지 않았을 텐데…….
아빠는 우리 콩을 생각하면
좀 더 많이 사랑해 주지 못해서 미안하고,
지켜 주지 못했다는 자책으로 하루하루를 살지만,
이제 와서 가슴을 치고 통곡하며 후회해도
소용이 없다는 것을 알기에,
너를 향한 우리의 마음은 가슴 아픈 시련으로 남을 뿐이다.
민재야! 수학여행 떠나기 전날 생각나니?
우리 식구들 다 같이 저녁 먹으면서 네가 했던 말.
평상시엔 삼겹살을 좋아하던 네가 그날따라
소고기 등심을 얼마나 맛있게 잘 먹던지…….
친구들이랑 여행 가서 힘 좀 많이 써야겠다고 하면서
맛있게 먹던 아들을 생각하면 그나마 조금 위안이 되는 것 같아서,
아빠는 혼자서 그때 일을 가끔씩 떠올리고 있어.
민재야! 아빠는 지난 4년 가까이 하루도
우리 아들 콩을 잊어 본 적이 없어.
너를 향한 아빠만의 기도도 거른 적이 없어.
혼자만의 습관적인 독백 같은 것 말이야.
그렇게라도 아들을 기억하지 않으면 점점 잊힐까 봐
그게 너무 두렵고 무섭거든.
내가 목숨을 부지하고 있는 동안은,
네가 세상에 태어나 17년간 우리와 함께했던 순간들을

절대 잊지 못할 거야.

그래서 집 안 곳곳에 너의 사진을 두고 보며

너의 모습들, 행동들, 말들 그 어떤 것 하나라도 잊고 놓칠까 봐

기억을 더듬으면서 살아가려고 애쓰고 있어.

어떤 날은 밤하늘의 유난히 빛나는 별을 보면

'우리 민재가 별이 되어서 바라보고 있구나.' 하는 생각도 많이 들어.

아들이 많이 그리워서, 많이 보고 싶어서 그러겠지.

아들! 네가 친구들이랑 하늘나라 여행을 떠나지 않았다면

지금쯤은 뭘 하고 있을까?

아마도 대학 생활 2학년 휴학하고 군에 가서

씩씩하고 패기 넘치는 군인 아저씨가 되어 있겠지.

휴가도 몇 번 왔을 것이고 엄마, 아빠 면회 자주 오라고

전화도 자주 왔을 것이고,

복학 후 앞으로의 진로에 대해서도 많은 얘기를 했을 텐데…….

그리고 민재야, 좋지 않은 소식이 있어.

아무래도 너한테 말해 줘야 할 것 같아서.

얼마 전에 너를 그렇게 그리워하던 외할머니가 돌아가셨어.

엄마, 아빠 힘들까 봐 평상시엔 내색 한 번 하지 못하시고

혼자서 마음속으로만 외손주를 그리워하다가 가셨어.

하늘나라에서 외할머니 만나면 네가 많이 챙기고 효도해야 한다.

알았지?

민재, 우리 아들아, 아빠도 언제일지는 모르지만

네 곁으로 찾아갈 거야. 그때까지 아프지 말고

밥 많이 먹고 건강하게 친구들과 잘 지내고 있어.

우리 사랑하는 아들 민재야, 안녕.

2018년 2월 11일 일요일.

신승희

여리고 맛있는 음식을 해줬을때에게 좋아하던 모습이
그립구나.

그에 너무나 예쁘고 사랑스런 앤이 이제는 엄마곁에
떠나 움직는것조차 힘들구나.

작은 엄마는 상상한단다. 빌 안아주고 만져주고
라아보며 울고웃고 함께했던 행복한 나날들을

빌 1초도 > 아까운 시간들을 또 그리되하며
러시 한단다.

엄마는 이 힘든 나날들을 잘 견뎌낼수 있을까?

승희야 지금은 너무나 힘들지만 언젠가 천국에서 만나

엄마랑 영원히 함께 행복하고 아프지않게 살자

너무나 그립고 보고 싶은 승희에게.

사랑하는 딸 승희야!

엄마가 아주 오랜만에 우리 딸에게 편지를 쓰는구나.

이렇게 편지를 쓰면서도 우리 승희 생각에 너무나 손이 떨리고

눈물이 나서 편지를 쓰는 것조차도 너무 힘들구나.

매일 학교와 학원을 마치고 집에 와서 공부하는

우리 희야 모습이 아직도 이렇게 생생한데,

우리 딸을 못 본 지 4년이 다 되어 간다니.

금방이라도 "엄마." 하고 부르며 엄마 품에 안길 것만 같은데

이제는 그런 모습을 못 보고 사는 게 너무나 슬프고 고통이구나.

이번에 우리나라에서 평창 동계 올림픽을 개최했는데,

4년 전 우리 가족 다 같이 소치 동계 올림픽을

긴장감 있게 보며 즐거워했던 희야 모습이 너무나 생각나,

엄마, 아빠, 언니는 서로 소리 없이 울었단다.

이제는 이런 모든 세월을 우리 희야 없이 반복하며

살아야 된다는 게 엄마는 참 힘들고 두렵단다.

희야! 엄마는 이 모든 것이 아직도 꿈만 같아.

그래서 엄마는 하루하루 아무런 희망도 없이

어둠 속에 갇혀 사는 것 같아.

아직도 우리 희야의 향기, 촉감, 사랑스러운 말투, 행동, 눈빛,

밥 먹는 모습을 잊지 못해 매일 눈물이 나고…….

우리 희야 빈자리가 너무 커서,

엄마와 함께 행복하게 살 수 있는 시간을

빼앗아 가게 만든 어른들이 너무나 원망스럽다.

내 딸 승희야! 길을 걷다가도 예쁘게 화장을 하고

예쁜 옷을 입은 너의 또래 친구들을 보면,

'우리 희야도 지금쯤이면 저런 예쁜 모습일 텐데……'
순간순간 화도 나고 서러워서 울기도 많이 울었단다.
예전에 승아 언니가 사진관 가서 가족사진 찍자고 했을 때,
엄마랑 승희랑 다이어트 하고 다음에 찍자고 미뤄서
찍지 못한 게 참 후회가 돼.
언니는 희야에게 참 많이 의지하고 살았는데
우리 희야가 우리 곁을 떠나면서 언니도 여러 가지 생각이 많고
세상을 많이 두려워하는 것 같아.
그런 언니가 이 험한 세상을 잘 헤쳐 나갈지 엄마는 또 걱정이구나.
엄마 딸 승희야!
너의 이름을 불러 본 지도 4년이 다 되어 가고,
우리 가족은 너의 이름을 늘 그리워한 채 아직도 제자리에
멈춰 있는 것만 같아.
사랑하는 내 새끼, 우리 승희. 항상 엄마가 안아 주고 토닥여 주고
맛있는 음식을 해줄 때면 좋아하던 모습이 참 그립구나.
그런데 너무나 예쁘고 사랑스러운 딸이
이제는 엄마 곁에 없다니 숨 쉬는 것조차 힘들구나.
아직도 엄마는 상상한단다. 널 안아 주고, 만져 주고,
드라마 보며 울고 웃고 함께했던 행복한 나날들을,
1분 1초도 그 아까운 시간들을 또 그리워하며 그리워한단다.
엄마는 이 힘든 나날들을 잘 견뎌 낼 수 있을까?
승희야, 지금은 너무나 힘들지만 언젠가 천국에서 만나
엄마랑 영원히 함께 행복하고 아프지 않게 살자.
내 소중한 딸 승희야, 항상 보고 싶고 사랑한다.

2018년 2월 11일,
꿈속에서라도 만나고 싶은 엄마가.

안주현

같이 하고 있진 않지만 주현이가 항상

가족과 같이 있고, 좋은곳에 갈때면 우리 주현이

같이 가고 있다고 생각하려고 해!! ...

주현이 좋아하던 자동차를 타고 검검 운전하

가는 모습도 생각해보면 입가에 절로 웃음이 지어

마냥 아기로만 생각했는데 어느덧 18살 고등학생

되어서 나름 가보은 대학교, 하고 싶은 일도

생각하며 학교생활도 잘하고,

친구들과의 소소한 일상들도 행복해했던 우리 주현

주현아 잘 있니?

"주현아!"라고 크게 이름 부르고 싶고,

"주현아 밥 먹었어?"라고 물어보고 싶고,

"주현아 오늘 어디 갔다 왔어?"라고 물어보고 싶구나!

항상 하늘을 보며 생각해.

'우리 주현이 저기서 뭘 하고 있을까?'

잘 있을 거라 생각하지만 '우리 이쁜 주현이 맛있는 거 먹었을까,

어떤 옷 입고 있을까.'라는 생각을 해…….

주현이 못 본 지 4년이 지났지만……

어제 본 주현이 얼굴처럼 생생하게 떠올라.

'지금은 키가 얼마나 컸을까, 지금은 어떤 옷을 가장 좋아할까,

우리 주현이 지금 가고 싶은 곳은 어디일까?'

좋은 여행지가 나오면, '우리 주현이도 저기 가고 싶어 할까?'

새로운 핸드폰이 나오면 '우리 주현이, 새로운 모델 나와서

갖고 싶어 할 텐데…….'라는 마음이 가득해!

주현이가 같이하고 싶었던 일상들을 지금 같이하고 있진 않지만,

주현이가 항상 가족과 같이 있고, 좋은 곳에 갈 때면

우리 주현이도 같이 가고 있다고 생각하려고 해!

주현이 좋아하던 자동차를 타고 직접 운전하고 가는 모습도

생각해 보면 입가에 절로 웃음이 지어져!

마냥 아기로만 생각했는데 어느덧 열여덟 살 고등학생이 되어서

나름대로 가고 싶은 대학교, 하고 싶은 일도 생각하며

학교생활도 잘하고,

친구들과의 소소한 일상들도 행복해했던 우리 주현이…….

그렇게 착하고 멋지게만 생각했던 우리 주현이가

열여덟 살의 모습으로만 남아 있어서 너무 마음이 아프고,

안타까운 마음, 미안한 마음 이루 말할 수가 없단다.

스물두 살의 주현이는 얼마나 멋져졌을까,

우리 주현이가 스물두 살의 삶을 살고 있다면

어떤 모습으로 어떻게 지내고 있을까.

주현이 착한 마음만 생각하면 너무 미안해.

집안의 첫째로 태어나서 항상 양보만 가르쳐서 미안해.

항상 착하게만 생각해서 너무 미안해.

그리고…… 수학여행 보내서 너무 미안해…….

그렇게 가라고 한 게 아니었는데,

그렇게 힘들게 다녀오라고 보낸 게 아니었는데.

어느덧 4년쯤 지난 지금이지만,

엄마, 아빠는 2014년 4월 16일의 삶을 살고 있단다.

주현이 없는 삶을 생각해 보지 않았어!

우리 주현이 항상 잘되기만을 바라고,

이쁜 모습의 주현이는 가족에게 항상 웃음을 주고,

양보해 주고, 무엇이든 맛있게 잘 먹고……

그렇게 이쁜 주현이를 어떻게 보낼 수 있겠니?

지금은 서로 볼 수는 없지만,

마음속에서 매일 그렇게 생각하며 만날 수 있다고 생각한단다.

주현아! 불러도 또 부르고 싶고, 더 부르고 싶어!

목이 메도록 불러 보면, 우리 주현이 다시 볼 수 있을까 생각도 해!

이번 겨울도 또 이렇게 지나가는구나!

이렇게 몇 번 계절이 바뀌고, 해가 바뀌면

주현이 만날 수 있는 날이 올 수 있을까?

주현이를 만날 때쯤이면 엄마, 아빠 모습이 좀 늙은 모습이라

알아볼 수 있을까 생각했지만, 그러지 않아도 돼!

엄마, 아빠가 우리 이쁜 주현이 기억하고, 잊지 않을 거니까.

주현아! 매일 주현이 모습을 떠올리며 아침을 맞이하고,
웃을 일이 있으면 '우리 주현이도 같이 웃고 있겠지!' 하고 생각해.
아침 햇살에 우리 주현이 웃는 얼굴 생각하며
하루하루를 그렇게 살고 있단다.
주현이가 가장 이뻐하는 동생 주영이도 많이 커서
제법 형 이야기도 하고, 멋지게 잘 크고 있는 모습 보면
얼마나 좋아할까?
우리 네 식구 다시 만나 같이 웃는 날을 기다려 볼게!
주현이 팬클럽 1호 이모와 함께…… 주현아 세상 끝까지 사랑해!

안준혁

22살!!

넘 멋지고 듬직할 나이의 내아들 [멋]
너무 보고싶다.

아직도 18달 그때 그모습만을 기억[하]
있어야만 한다는게 슬프고 맘이 아리[다]

히루가 10일씩, 지나가면 내새끼를
저) 빨리 만날수 있을텐데....

사랑하는 내 아들 준혁.

벌써 2018년이네.
울 아들 마지막으로 본 게 벌써 4년 전…….
스물두 살 된 내 새끼 볼 수도, 만질 수도 없어서
엄마는 너무 힘들어.
매년 2월은 열 달 동안 엄마 배 속에 있다가 세상 밖으로 나온
준혁이 생일이 있어서 더욱 힘들고 아픈 달이라
마음도 몸도 아프네.
며칠 전 생일이 지났는데 친구들과 생일 파티는 잘했겠지?
엄마가 끓여 놓은 미역국도 먹으러 다녀갔지?
스물두 살!
너무 멋지고 듬직할 나이의 내 아들 모습 너무 보고 싶다.
아직도 열여덟 살 그때 그 모습만을 기억하고 있어야만 한다는 게
슬프고 맘이 아리다.
하루가 10일씩 지나가면 내 새끼를 더 빨리 만날 수 있을 텐데…….
빨리 만나서 꼬옥 안아 보고 싶고 얼굴 비비고 싶다.
엄마 갈 때까지 아프지 말고 그리워하지 말고
건강하게 잘 지내고 있어.
사랑한다, 안준혁.

2018년 2월 어느 날,
엄마가.

안중근

아들 하늘나라에서 별이 되어
잘 지내고 있니?
그곳은 고통도 슬픔도 없이
아주 편안하게 잘 있지?
지금 이곳은 엄마, 아빠, 형, 누
모두가 잘 있단다
아들 알고있지 이사 했을때도
이젠 있을때도 · 맛있는거 먹

사랑하는 아들 중근에게.

막상 아들한테 편지를 쓰려니 가슴이 답답해서 눈시울이…….
어디서부터 아들에게 글을 쓸까?
매일매일 늘 항상 아들 생각은 하고 있었지만
막상 글로 표현하려니 눈물이 난다.
불쌍하고 미안하고 너무너무 아까운 아들……. 벌써 4년이라니.
2014년 4월 16일 진도에서, 생각하면 두렵고 무섭고
너무너무 괴로워서 슬프기만 했는데, 너무 아팠는데,
더욱더 두려웠던 건 늦게 찾은 우리 아들 중근이가
갑작스러운 이별에 얼마나 무섭고 힘들었을까,
얼마나 무서웠을까,
얼마나 "엄마, 아빠 살려 달라."라고 소리 질렀을까…….
생각하면 용서가 안 된다.
아들, 하늘나라에서 별이 되어 잘 지내고 있니?
고통도 슬픔도 없이 그곳에서 아주 편안하게 잘 있지?
지금 이곳 엄마, 아빠, 형, 누나는 모두 잘 있단다.
아들, 알고 있지? 이사할 때도 미안하고,
명절일 때도, 맛있는 거 먹을 때도 항상 아들 생각하면 미안하구나.
특히 생일이 돌아오면 더욱더 보고 싶구나.
아직도 분하고 억울함을 해결 못 하고…….
시간이 걸리겠지만 반드시 304명의 진실을 꼭 밝힐게.
그래서 친구들과 함께 있을 좋은 곳에서 만날 수 있도록
엄마, 아빠들은 전진하고 있단다.
조금만 기다려 줘. 엄마, 아빠들에게 힘을 줘.
말로 다 표현할 수 없지만, 미안하다. 진실을 꼭 밝힐 거야.
사랑한다, 아들 중근아.

안형준

시랑의 주인은   엄마. 아빠의 의

마음속에   서만   활하게 웃고 있는

가슴이   다려온다 . 다파온다

소중한   추억들을   하나 하나

생각해 본다   하지 만

세월이란   벽   하나 둘씩   잡아

지   조금씩   기먹이   가물거린

이러면   안된다고   기억을 잡아

보지만   조금씩   흐려지는 기

주인이 없는 방. 창 너머 하얀 눈이 소복이 내렸구나.

형준아, 아빠하고 인사하고 떠난 지 4년이라는 세월이 흘렀구나.

형준이 방에 앉아 있는 아빠.

이 방의 주인은 엄마, 아빠의 마음속에서만 환하게 웃고 있구나.

가슴이 아려 온다. 아파진다. 소중한 추억을 하나하나 생각해 본다.

하지만 세월이라는 벽이 하나둘씩 잡아가는지,

조금씩 기억이 가물거린다.

이러면 안 된다고 기억을 잡아 보지만 조금씩 흐려지는 기억.

형준아, 미안해.

아빠가 항상 또렷이 기억을 하고 있어야,

나중에 우리 다시 만날 때 하나씩 이야기 나눌 수 있는데…….

아빠도 이제 늙어 가나 봐. 기억이 하나씩 없어지니.

우리 아들 그곳에서 잘 지내고 있지?

아들의 빈자리가 너무 크게 느껴지는구나. 힘들다.

'보고 싶다.' 하면서도 당장 달려가 볼 수 없는 현실이 너무 싫다.

엄마, 아빠가 형준이 사랑하는 줄 알고 있지?

짧은 생 동안이라도 많은 추억이 있어야 할 텐데,

생각해 보면 엄마, 아빠의 생 속에서 작게 자리 잡고 있네.

하지만 작은 속에서도 항상 기억하고 있고 생각하고 있어.

많은 시간 함께해 주지 못해 미안하다.

하지만 우리 아들 다 이해해 줄 것이라고 믿고 있어.

사랑하는 우리 아들 형준아.

다시 만날 때까지 영원한 아들로 엄마, 아빠 가슴속에 간직할게.

사랑해.

주인 없는 책상에서, 아빠가.

오경미

경미야

니가 고등학교 1 학년때 윤미 소
하는 짝앉은 눈에 그랬지
너를 붕꼬 본다고.
윤미가 어려서 많이 아파
순한 경미가 많이 박돌눈데
너를 붕꼬 보던 윤미가 점점 너를
더 많이 닮아 간다
니가 기분 좋으면 추련

그립고 보고 싶은 엄마 딸 경미.

하루하루가 왜 이리 빨리 지나갈까.

엄마 딸 못 본 지 4년이 다 되어 가고 있구나.

시간도 가고 윤미 또한 많이 자라서 중학교 2학년에 올라간다.

경미야, 네가 고등학교 1학년 때 윤미 소개하는 짧은 글에 그랬지.

너를 물로 본다고.

윤미가 어렸을 때 많이 아파, 순한 경미가 많이 봐줬는데.

너를 물로 보던 윤미가 점점 너를 더 많이 닮아 간다.

네가 기분 좋으면 추던 뻣뻣한 엉덩이춤을 윤미가 추곤 하고,

목소리마저 닮아 가서 핸드폰 너머로 들리는 목소리는

너랑 똑같다.

너를 닮아 가는 윤미를 보면서 엄마는 네가 더 그립고 보고 싶다.

무엇으로도 대신할 수 없고,

무엇으로도 위로가 될 수도 없는 너의 빈자리가

왜 이리 큰지, 가슴이 뻥 뚫려 있는 것 같다.

우리는 언제쯤 만날 수 있을까.

다시 만날 그날까지,

아빠, 엄마, 경미, 윤미는 항상 같이 있다는 것.

영원히 사랑해, 내 딸 경미야.

오영석

방에 사다주면서 엄마아빠 마주본다
눈물로 보낸다. 용돈도 가끔 올려두지
아빠가 꺼내쓴다. 늘 하듯이 좋은거
먼저 울어한테 건낸다. 창문틈사이로
전하는 소리도 엄마는 놓치지 않으려한다
나뭇가지 흔들리는 모든 것들을 보고 듣는다
새 한마리라도 노래부르듯 엄마를 부르듯
엄마는 창문을 더 많이 열어본다.
이쁜아들 생일전이면 마치 살아있드

1천4백 일 우리 애기와 생이별 중인 엄마가,
세상에서 가장 소중한 내 하나뿐인 아들 영석이에게.

매일같이 이쁜 아들에게 말을 걸어 본다.
이 편지 쓰기까지 너무도 많은 눈물과 시간을 보냈구나.
기다리게 해서 미안해.
살리지도 구조하지도 못했던 엄마가 미안해.
손톱이 까맣게 다 타도록 엄마, 아빠 불렀는데,
아무것도 못 하고 기다려서 미안해.
엄마, 아빠만 숨 쉬고 있어 미안해.
엄마, 아빠, 울 애기 세 식구만 살 것을, 엄마가 오지랖 떨어서
너를 그리 허망하게 보낸 것 같아 죽을 때까지 그 죄책감을
떨칠 수 없을 것 같구나.
다 엄마 잘못이야. 이 어미를 용서하지 마라.
뒤늦은 후회 뒤에 밀려드는 미안함, 죄책감…….
처음으로 하고 싶다고 했던 축구부 등록 후
이쁜 아들 땀 흘리며 연습하는 모습을 보기 위해
엄마는 퇴근 후 화랑초등학교 운동장으로 달려갔지.
이쁜 아들이 하고 싶다고 해서 기쁜 마음이었어.
얼마 안 돼서 강원도 합숙 훈련을 보내고,
불현듯 엄마는 이쁜 아들이 다칠까 봐 두려웠어.
게임 한 번씩 뛸 때마다 다칠까 봐 조마조마했어.
엄마가 일해서 돈 버는 것은 우리 애기 하고 싶은 거,
먹고 싶은 거, 좋은 거 다 해주고 싶었기 때문인데…….
넘치도록 해준다고 생각하진 않았지만,
월급 받고 상여금 받아 울 애기한테 맘 놓고 쓸 수 있어 행복했지.
힘들 때마다 울 애기 생각하며 살았던 함께한 추억이 되었고…….

별이 된 이후의 삶은 상상조차도 할 수 없는 생지옥이다.
내 새끼를 먼저 보내고 엄마, 아빠로 살아가기가 너무도 아픈데,
살아 내서 해야 할 일들이 있어.
아직도 친구들이 다 돌아오지 못했어. 너무도 미안해.
별이 된 후 유가족으로 만난 250가정 엄마, 아빠가
먼저 떠난 내 새끼들을 왜 구조하지 않았는지 밝히고 있어.
오래 걸리지만 꼭 밝혀낼게.
살아서 돌아온 생존자 학생도, 형제자매도
힘든 시간을 함께 잘 이겨 내 주길 바랄 뿐,
그저 다 안쓰럽고 안타까운 사연들.
서로 안고 토닥이고 있지만 부족하지.
처음 간 고등학교 수학여행.
다시 돌아오지 못한 친구들 꼭 돌아올 수 있게 이쁜 아들도 힘내.
엄마, 아빠도 울 애기 위해 더 힘낼게. 늘 함께하고 있지?
엄마, 아빠 잘하고 있는 거 맞니?
언제쯤 다시 울 애기 안아 볼 수 있을까?
멋진 모습을 볼 수 있을까? 얼마나 컸을까?
오늘은 어디서 무엇을 하고 있을까?
친구들과 잘 지내고 있는 거 맞니?
수없이 이쁜 아들에게 물어보고 문자 보내며,
엄마는 늘 그렇듯 이쁜 아들이 잘 지내고 있는지 묻고 또 묻는다.
친구들 생일날이면 더욱더 힘내어 묻지만 대답은 없다.
그 잘해 주던 칭찬도, 우리 애기는 답이 없다.
매일 아침 등교하는 모습을 볼 수 없었던 직장인 엄마.
출근하느라 아침 식사도 함께 못 했던 엄마.
주말이면 울 애기랑 함께하려고 했던 엄마, 아빠.
휴일이면 영화관으로 맛집으로 쇼핑으로 바빴던 엄마, 아빠.

이젠 소소했던 이전의 행복을 함께하지 못하고,
이쁜 아들 빈자리에 익숙해져 가고 있어.
이쁜 아들 방에 불을 켜고, 해 뜨면 불을 꺼주는 것이 일상이고,
맛있는 거 이쁜 아들 방에 사다 주면서
엄마, 아빠 마주 보며 눈물로 보낸다.
용돈도 가끔 올려 두지만 아빠가 꺼내 쓴다.
늘 하듯이 좋은 것, 예쁜 것 먼저 울 애한테 건넨다.
창문 틈 사이로 바람이 전하는 소리도 엄마는 놓치지 않으려 한다.
나뭇가지 흔들리는 모든 것들을 보고 듣는다.
새 한 마리라도 노래 부르듯 엄마를 부르듯
엄마는 창문을 더 많이 열어 본다.
이쁜 아들 생일 전이면 마치 살아 있듯이
이젠 갈비찜이라도, 미역국이라도 끓여 본다.
맛있게 먹어 줄 울 애기는 없다. 냄새라도 맡으렴.
별이 된 울 애기 방에 많은 사진들, 유품이 된 모든 것을 만져 보고
울고 닦아 주다 말다 그렇게 이쁜 아들을 그리고 또 그리워한다.
청소 한 번 제대로 해줄 수 없을 만큼 힘들다.
큰 이모가 가끔 이쁜 아들 방에 들어가 깨끗이 닦아 주고
울고 간 흔적들을 엄마, 아빠는 알지.
이쁜 아들과 세 식구가 함께 살던 같은 건물에 이모도 이사 왔었지.
20년 전 그대로 그 집에서 이쁜 아들을 마중한다.
엄마, 아빠도 이모도 외삼촌도 그렇게 한 번씩
그 집에서 너를 만난다.
외갓집에 심었던 사과나무.
너를 기억하는 진돗개도 이젠 사과로 이쁜 아들을 본다.
밤하늘 별이 얼굴에 쏟아진다며 좋아하던 외갓집,
이쁜 아들 맞춤형 나무 그네, 외삼촌이 구워 주던 삼겹살,

별이 된 이쁜 아들을 기다리는 추억 속에서 모두가 힘들어해.

할머니도 외할머니도 엄마, 아빠가 끝까지

울 애기 억울함 밝히라고 응원해 주신다.

할머니께서는 혼자 지내셔.

엄마, 아빠 울 애기한테 올인 하고 싶어서,

영석이 엄마, 아빠로만 살고 싶다고 말씀드렸어.

다 이해해 주셨지.

잊지 않고 있지? 엄마, 아빠 기억하고 있지?

얼마나 사랑하는지 다 알고 있지?

시간이 지날수록, 흐를수록 더 또렷한 이쁜 아들.

행동과 웃음소리 이젠 볼 수 없지만 엄마, 아빠 다 기억할게.

꿈속에서라도 가끔, 아주 가끔씩 왔다 가주렴.

친구들 소식도 엄마가 전해 줄게.

어제는 너를 보내며 화장터에서 뜨거운 봉안당 안으로

향했던 동욱이에게 미안하고 고마워서

새삼 다시 친구들의 힘든 마음의 빛을 알았지.

군대 간 친구, 대학교 다니다 직장 생활 하는 친구,

학원 다니며 자격증 취득 열심히 하는 친구,

재수, 삼수, 끝까지 대학 캠퍼스 밟아 보겠다는 친구,

여전히 친구들 보고 싶어 자살을 시도하는 친구,

친구들 보고 싶어 여기저기 찾아가는 친구,

새로운 친구 사귀기 힘들다고 하는 친구,

알바하며 좋아하는 음악 하겠다며 안부 전하는 친구,

남자 친구 생겼다고 얘기하며 우는 친구,

군대 첫 휴가에 거수경례 해주던 진우,

휴가 나올 때 먼저 연락해 주며 건강하시라는 수종…….

지금도 초등학교 친구들, 광덕중학교 친구들 소식 잘 주고

가끔 보고 싶어서 만나기도 하지.

엄마, 아빠가 이쁜 아들 만나기 전까지 힘낼게.

우리 애기도 엄마, 아빠 곁에서 함께해 주렴.

엄마 곁에서 누워서 지켜보는 내 이쁜 아들 영정 사진.

엄마가 밤낮으로 귀찮게 안고 울어서 미안해.

엄마가 운전해서 멀리 갈 때 조수석에 이쁜 아들

안전띠 하고 함께 떠나는 거 다 알지?

그리고 유품 가방…… 아직 못 가고 망설여서 미안해.

오래전에 나온 유품을 집으로 가져갈 순 없다고 해서,

보고 나서 다시 울 애기 두고 와야 해서,

엄마, 아빠가 가지도, 안아 주지도 못하고 있어. 미안해.

지금은 영정 사진 안고 사는 것도 너무도 벅차. 다 알고 있지?

친구들 다 돌아오면 그때는 꼭 엄마 품에 안길 수 있게 해달라고

수없이 빌고 빌었어.

정작 울 애기 유품 나왔다고 2017년 가을에 듣고도

찾아가지 못해 미안해.

엄마의 복잡한 심정을 울 애기가 다 알면 안 되지만,

약속했던 것처럼 친구들이 가족 품으로 온 후

엄마는 너를 안고 싶다.

독하게 마음먹었지만 달려가서 너를 다시 안아 보고 싶다.

미안해. 내 새끼만 생각하고 싶었지.

심장 뛰는 날까지, 심장 멈춘 날까지

언제나 이쁜 아들이 함께한다는 것을 우리 모두 기억해.

이쁜 아들, 또 명절이 다가왔다.

10개 반 친구들 엄마, 아빠는 먼저 간 이쁜 친구들, 자식을 위해

차례 상을 차리려 장을 봐야 하는데, 음식을 준비해야 하는데,

그 심정을 누가 다 알겠냐.

이쁜 아들, 친구들과 잘 지내 주렴.

하나하나 다 밝히고 찾아갈게.

사랑한다고 미안하다고 매일 마음 띄우지만,

대답 없어도 함께하고 있을 이쁜 아들.

엄마, 아빠 더 힘낼게. 함께 힘내자.

한 살 때 앞니 난 후 기는 것조차도 엉덩이로 콩콩하다가

서기 시작해서 걷던 울 애기.

옥상에 볕이 좋아 이불이라도 널면 그사이에서 까꿍 하던 녀석.

옥상이 작은 놀이터였지.

말 타고, 작은 공 하나에 뛰고 넘어지고,

화랑유원지 손수레 말 타고,

매점에서 아이스크림 사주면 녹는 아이스크림 잡고 울던 녀석.

왼손으로 나뭇가지 들고 한글 쓰던 녀석.

세 살에 엄마 직장 다녀서

할머니 손 잡고 명휘어린이집 다니던 녀석.

아침마다 배 아프다고 엄마한테 전화하던 녀석.

태권도 시범단, 동아체육관 친구들도, 어린이집 친구도,

화랑초등학교 친구들도, 광덕중 나온 친구들도 함께 기억할게.

이쁜 기억 속으로, 엄마는 행복했던 엄마로 매일 돌아가고 싶다.

우리 애기를 놓치기 전 엄마로, 이쁜 아들 살릴 수 있는 엄마로…….

매일 가슴 친다.

사랑해, 이쁜 아들 영석아. 내 전부인 울 애기.

2018년 2월.

이쁜 아들, 이 마음이 울 애기한테 전해질까?

엄마, 아빠 힘낼 수 있는 건 울 애기 때문이야. 잘 알지?

살아서 잘해 주고 싶었던 그 많은 약속과 말들이 허공에 돌아도

엄마, 아빠는 애기와의 약속 지킬 수 있게 힘낼게.

오, 영석. 잊을 수 없는 내 하나뿐인 아들.

페이스북에 친구들 한 명, 한 명, 우리 애기 이름 천천히 쳐본다.

이쁜 아들 핸드폰 번호는 전원이 꺼져 있지만

번호는 살아 있다.

여전히 요금 내고 아직도 가족 등본에는 오영석 함께 있다.

엄마, 아빠 가슴에 살아서 움직인다.

사망신고도 아직 안 한다.

친구들과 함께 보내 줘야 하지만 아직은 때가 아니다.

한곳에 이쁜 아들과 친구들이 쉴 수 있게 힘낼게.

사랑해, 내 이쁜 아들.

엄마, 아빠의 전부인 오영석.

짧게 살다가 간 내 새끼.

엄마, 아빠한테는 47번으로 돌아온 내 새끼…….

영원하다는 걸 잘 알지?

오준영

이제는 지겹다고 그만 하라는 세상의 소리가
서럽고 두렵지만 너와의 약속을 못 지키는
것 만큼 두렵지는 않아 준영아 또 봄이
오고 4월이 오고 있다.
봄을 맞이하듯 새롭게 피어나는 파릇한
새싹과 꽃망울은 엄마에겐 슬픔의 꽃이
피어나 겠지만 너와 했던 약속을 지키기
위해서 라면 다시 시작 하는 마음으로 봄을
맞이 한다.

준영아!

꿈이 아니기를 바라며,
혹시나 안으면 사라질까 부르지 못하는 엄마를 슬프게 바라보는
너에게 미안하다는 말밖에 할 수 없다.
살고 싶다고, 무섭다고 마지막까지 가족을 불렀을 너를
지키지 못한 엄마는 4년여 긴 시간 동안
가슴에 박힌 죄책감으로 지금까지 버틴 것 같다.
매정하게 꿈속의 너와 갈라 버린 아침이 싫다.
잔인했던 4월의 그날이 얄밉도록 아무렇지도 않게
어김없이 돌아오고 있다.
'전원 구조'라는 오보에 너를 데리러 간 팽목항은
처참하리만큼 모질게도 우리 모두를 버렸다.
너의 죽음을 믿을 수 없었고 기다리면 살아 돌아올 것만 같아
죽음을 부정했었다.
왜 죽어야만 했는지도 모르고 너를 보낼 수 없어,
억울한 울음과 간절한 아픔으로,
진실을 숨기려는 자와 맞서고 있다.
한순간도 잊을 수 없는 내 새끼 준영아, 죽도록 보고 싶다.
가만히 있어도, 가만히 있지 않아도,
밥을 먹어도, 잠을 자도 떠오르는 너를,
세월이 흘러 늙어 가는 엄마가 조금이라도 기억이 흐려질까 봐
오늘도 네가 쓰던 물건을 닦고 또 바라보며 가슴에 품는다.
보고 싶은 그리움 한편에, 너를 죽음으로 몰아넣은 사람들을
꼭 처벌해서 너의 억울함 풀어 주겠다고 했던 약속 꼭 지킬게.
살고 싶었을 너희를,
죄 없는 너희를 왜 구하지 않아 죽게 했냐고,

304명의 희생의 진실을 밝히고

두 번 다시 억울한 죽음은 없도록……

세상이 바뀌는 그때까지 진실을 향한 싸움은 멈추지 않을 거야.

너희의 꿈이 서린 안산에, 웃으며 뛰놀던 장소에

너희의 못다 한 우정 영원할 수 있도록 우리 모두 노력할게.

이제는 지겹다고 그만하라는 세상의 소리가 서럽고 두렵지만,

너와의 약속을 못 지키는 것만큼 두렵지는 않아.

준영아, 또 봄이 오고 4월이 오고 있다.

봄을 맞이하듯 새롭게 피어나는 파릇한 새싹과 꽃망울은

엄마에겐 슬픔의 꽃망울로 피어나겠지만,

너와 했던 약속을 지키기 위해서라면 다시 시작하는 마음으로

봄을 맞이한다.

준영아, 너와의 약속을 지킨 봄이 오면,

네 사진 앞에서 환하게 웃으며 너를 바라볼 수 있겠지?

그때는 남들이 말하듯 가슴에도 묻을 수 있을까?

늘 곁에서 챙겨 주고 응원하는 엄마 노릇은 더 이상 할 수 없지만,

대신 진상 규명과 4·16안전공원으로 엄마 노릇 할게.

세상에 하나뿐인 영원한 내 아들 준영아.

다시 만나는 날까지 아프지 말고 몸 건강히,

친구들과 잘 지내고 있으렴.

아들, 엄마가 많이 사랑하고 너무 보고 싶어.

숨 막히게 그리운 마음, 글로 다 표현할 수 없어 먹먹하다.

아들 바보, 엄마가.

유미지

지가 엄마 뱃속에서 꿈틀거릴때... 응에하고

어나던날.... 끙끙대며 뒤집기 할때...

장아장 걸음마 배울때...

가방 메고 유치원 다닐때...

피가방 메고 초등학교 압학 하던날.

받아쓰기 백점 맞아 와서 엄마.아빠한테

여주던 날 ...

네자연 중학교에 합격하고 너무 좋아서

그리운 엄마, 아빠 딸 우리 미지.

잘 지내고 있니?
우리 미지 못 본 지도 벌써 4년이 되어 가네.
너무너무 보고 싶다.
"다녀오겠습니다." 하고 수학여행 간 게 엊그제 같은데,
"다녀왔습니다." 하고 금방이라도 문 열고 들어올 것 같은데
벌써 4년이라는 시간이 흐르는구나.
영원히 멈춰 버릴 것 같은 2014년 4월 16일…….
시간은 흘러도 엄마, 아빠 마음속에는
수학여행 가던 날 2014년 4월 16일에 멈춰 있어.
우리 미지만 생각하면 미안하고 고맙고,
날마다 그립고 너무너무 보고 싶어.
이렇게 엄마, 아빠 곁을 떠날 줄 알았다면…….
3월 16일 우리 미지 생일도 곧 돌아오네.
미지 생일날 미역국도 끓여 주고 싶고,
케이크에 촛불 꽂아 생일 노래도 불러 주고 싶고,
미지가 갖고 싶어 하는 선물 다 사주고 싶은데
이제는 할 수 없는 소망으로만 남네.
미지가 엄마 배 속에서 꿈틀거릴 때, "응애." 하고 태어나던 날,
끙끙대며 뒤집기 할 때, 아장아장 걸음마 배울 때,
큰 가방 메고 유치원 다닐 때,
미피 가방 메고 초등학교 입학하던 날,
받아쓰기 백 점 맞아 와서 엄마, 아빠한테 보여 주던 날,
두레자연중학교에 합격하고
너무 좋아서 큰 소리 내며 기뻐하던 날,
이런 시간들을 미지하고 살면서 함께 추억해야 하는데…….

이제 엄마, 아빠는 네가 없는 사진으로만
우리 미지를 추억해야 하네.
생각하면 너무 슬프다.
수학여행 가기 며칠 전까지 열이 너무 심해서 많이 아팠는데……
우리 미지 천국에서 아프지 않고 잘 지내고 있지?
우리 미지가 엄마, 아빠 곁을 떠난 날 하느님을 많이 원망했는데,
지금은 우리 미지 18년 동안 엄마, 아빠 딸로 보내 주시고
살게 해주셔서 감사하고,
지금은 슬프지만 다시 만날 우리 미지 생각하니
감사하고 감사하네.
미지야! 우리 다시 만날 때는 기쁜 마음으로 웃으면서 곧 만나자.
누구보다도 귀한 엄마, 아빠 딸 우리 미지.
엄마, 아빠 딸로 살아 주어서 고맙고……
우리 미지 때문에 많이 많이 엄마, 아빠는 행복했어.
고마워, 미지야.
우리 미지 많이 많이 사랑하고
다시 만날 때까지 행복하게 잘 지내.

미지를 그리워하는 엄마, 아빠가.

유혜원

영정 앞에 서서 엄마. 아빠 왔다고
말하는 그 뻔뻔함에 나 스스로
눈물밖에 보일수 없어 한없이
미안하고 초라하지만 그래도
마음속에 온통 너에 대한 그리움
보고픔 때문에 오늘도 너의 영정사
앞에 국화꽃 한송이 던져놓고 서 있는

미치도록 보고 싶은 내 사랑하는
딸 혜원아 !

사랑하는 나의 딸 혜원아.

계절이 수없이 바뀌어 이제는 시간의 개념조차 사라지고
어제가 오늘 같고 네가 떠나던 그날이 아직도 어제처럼 떠오른다.
세상을 향해 고개를 드는 것조차 부끄럽고 자신이 없어
하늘을 등지고 땅만 보고 지내 온 시간들.
너무나 못나고 힘이 없던 부모이기에 고작 눈물만 흘리고,
세상에, 사회에 악다구니조차 내뱉지 못한
지난 시간들이 후회스럽고,
억울하게 쓰러져 저 하늘의 별이 된 너에게 미안함뿐이구나.
아빠로서의 자격도, 엄마로서의 자격도 없는 못난 우리가
너의 영정 앞에 서서 엄마, 아빠 왔다고 말하는 그 뻔뻔함에
나 스스로 눈물밖에 보일 수 없어 한없이 미안하고 초라하지만,
그래도 마음속 온통 너에 대한 그리움, 보고픔 때문에
오늘도 너의 영정 사진 앞에 국화꽃 한 송이 던져 놓고 서있는다.
미치도록 보고 싶은 내 사랑하는 딸 혜원아!
너를 그렇게 떠나보내고 못난 아빠는 갈 길을 잃었구나.
우리 혜원이가 이 소식 들으면 그곳에서 많이 슬퍼하겠지만,
아빠는 꿈도 희망도 잃어버리고 아무런 목적도 없이
이제까지 지내 온 것 같아 더욱 미안한 마음에
편지를 쓰는 이 시간도 가슴이 아려 온다.
혜원아! 동생들 소식 궁금하지?
빈이는 이번에 수원대 화학공학과에 합격했어.
비록 원하는 대학에 가지 못해 조금은 속상해하지만
나름대로 최선을 다해 열심히 했으니 나중에 칭찬해 줘.
근데 이제 고3 되는 둥이가 좀 걱정이다.
공부하고는 영 담을 쌓고는 컴퓨터만 죽도록 해대니

내년에 대학에 갈 수나 있을지 모르겠다.

우리 큰딸이 그곳에서 신경 좀 써줄래?

우리 큰딸 보러 주말마다 가려고 하는데 가끔 빼먹고 못 가네.

미안해. 그런데 아빠도 우리 혜원이 보러 못 가면 너무 속상하고 화나.

앞으로는 꼭 보러 갈게, 꼭, 꼭.

그리고 아빠가 20일 전에 다리 수술을 했어.

우리 혜원이도 아빠 다리 아픈 거 알고 있지?

아빠가 다리 빨리 나을 수 있도록 기도해 주고,

엄마도 요즘 자꾸 팔이 아프다 하니 우리 큰딸이 그곳에서

토닥토닥 안마도 해주고 주물러도 주고 그래. 부탁할게.

우리 식구들이 건강하게끔 도와주고 보살펴 줘.

지금 이곳은 추운 겨울이야.

조금 있으면 네가 우리 곁을 떠나던 그날이 다가오겠지.

많이 힘들고 아프겠지만 꾹 참고 버텨 볼게.

우리 딸이 있는 그곳은 근심, 걱정 없고, 아픈 사람 없고,

늘 따뜻하고 향기로운 곳이었으면 좋겠다.

나중에 엄마, 아빠가 우리 딸 보러 갔을 때

이쁜 얼굴에 반가운 미소로 맞아 줄 거라 믿어.

우리 혜원이가 지금은 멀디먼 곳으로 떠나

비록 내 눈에는 보이지 않지만 엄마, 아빠의 가슴에, 심장 속에

그 모습 그대로 새겨져 있어서 영원히 잊지 않고 또렷이 기억될 거야.

세상이 끝나는 날, 엄마, 아빠의 생이 다하는 그때,

우리 딸 꼭 만나서 절대 울지 말고

반가운 마음에 이쁜 미소로 꼭 안아 주자.

사랑해, 영원토록.

아빠가.

이강명

소한 우리아들 강명아

...때로 다른 모습이지만 한번박 웃어

...나 줘서 고마워.   많이 보고싶으니까

볼게라도 가끔 다녀가는듯음 좋겠어.

...이 모습 우리아들. 우리 다시 만날때까지

... 잘지내고 있다가 꼭 다시 만나자.

...항게 아들 , 잘 지내고 있어.

엄마 아빠가~.

보고 싶은 아들 강명아.

안녕이라는 작별 인사도 없이 너를 떠나보낸 지 벌써
몇 해가 지났지만 너의 이름만 숨죽여 불러도 코끝이 찡해지고
보고 싶은 마음에 주책없이 눈물만 흘러.
집 안 구석구석 너의 흔적을 볼 때면
아직도 현실을 인정하기 싫고 꿈이었으면 해.
집에서 라면도 끓여 먹고 게임도 함께하던 친구들과
잘 지내는 게 참 보기 좋았는데 함께 하늘나라로 갈 줄이야.
여전히 그곳에서 친구들과 즐겁게 잘 지내고 있는 거지?
강명아, 네가 벌써 군대에 갈 나이가 됐어.
난 가끔 상상을 했었어.
특전사가 되고 싶다던 너를 군대에 보내는 마음이 어떨지,
가슴 아파서 어떻게 입소한 너를 두고 와야 할지…….
너랑 해본 것보다 함께해 보고 싶은 게 얼마나 많은데, 이젠…….
강명아, 친구 엄마가 아들 군대 보내던 날 가슴 아파
펑펑 울었다면서 하소연하는데 난 그마저도 부러웠어.
'그래도 볼 수 있잖아. 볼 수 있잖아.' 하면서 말야.
시간이 지날수록 못 해준 것만 기억나고,
가슴 아팠던 것만 기억나고,
잘해 주지 못해서 미안하고 가슴이 아파.
강명아, 천국에서 친구들과 함께 아무런 걱정 없이 잘 지내고 있어.
만약 다음 생이 있다면 말야, 이보다 더 좋은 세상에서 태어나
아무런 걱정이나 아픔 없이 행복하게 살았으면 해.
우리 역시 너의 바람대로 잘 지내고 열심히 살아가고 있어.
특히 소민이가 벌써 고3이 됐잖아.
얼마나 열심히 공부하는지, 노력하고 있는지 잘 알 거야.

속마음을 잘 표현하지 않아서 그렇지 많이 힘들 거야.

힘든 내색 한 번 안 하고 묵묵히 견디는 게 대견스러워.

기특한 우리 아들 강명아.

때때로 다른 모습이지만 한 번씩 꿈에 나타나 줘서 고마워.

많이 보고 싶으니까 그렇게라도 가끔 다녀가 줬으면 좋겠어.

잊지 못할 우리 아들. 우리 다시 만날 때까지

서로 잘 지내고 있다가 꼭 다시 만나자.

사랑해, 아들. 잘 지내고 있어.

엄마, 아빠가.

이경주

너에게 어떤말부터 시작해야 할 지

이 못난 엄마는 쉽게 말이 떨어지지

않는구나.

시간의 흐름을 무엇으로 바꿀수가 있을까

벌써 나년이라는 시간이 무색하기도

흘러 버렸구나.

너에게 어떤 말부터 시작해야 할지,

이 못난 엄마는 쉽게 말이 떨어지지가 않는구나.

시간의 흐름을 무엇으로 바꿀 수가 있을까?

벌써 4년이라는 시간이 흘러 버렸구나.

지금도 엄마 옆에서 재잘대는 널 보곤 하는데,

우린 그 자리 그대로인데…….

너와 함께 다니던 동네 길들을 오늘도 엄마는 거닐어 본다.

땀범벅이 되어도 열심히 안무 짜며

행복한 춤사위를 보이던 올림픽 기념관도 그대로인데…….

꽃이 피면 이쁘다고 웃으며 함박웃음을 짓던 너의 얼굴,

표정, 눈빛, 웃음소리가 엄마 눈엔 선하다.

손만 뻗으면 만질 수 있을 것만 같다.

이런 말들을 쏟아 내고 있어도

왜 이리 가슴이 먹먹하고 눈물이 나는 걸까?

옆에 있다고 생각해도 없다는 걸 아는 걸까?

이러는 엄마가 참 안쓰럽다.

내 사랑하는 딸.

내 분신.

내 아가야.

어떻게 하면 널 다시 엄마가 안아 볼 수 있을까?

그립고 너무 그립다.

경주야.

며칠 전 길영이가 밤새 소리 지르면서

널 애타게 부른 거 알아?

우린 매일 이렇게 아픔에 몸부림치면서도,

또 눈을 뜨면 아무렇지 않은 듯 숨을 쉬면서 살아가고 있어.

우린 분명히 알고 있어.

네가 했던 말들처럼 그 사람들은 아주 무서운 사람들이며
그 대가를 반드시 치르게 될 거야.
우린 반드시 그렇게 되리라는 걸 믿어 의심치 않아.
경주야.
조금만 덜 아파할게.
조금만 덜 보고 싶어 할게.
조금만 덜 울게.
우리 함께 다시 만나는 그날까지 항상 사랑하자.

2018년 4주년을 바라보며,
경주를 기억하고 사랑하는 아빠, 엄마, 동생이.

이근형

구조을 막았는지?

기다려라고 했는지?

선원들 반 구조 했는지?

출발 해서는 안 되는데

출발 했는지? 이 모른 것은

우리 부모들은 진상은 반드시

낱 까지 끝끼지 않다.

강하는 우리 근형이···

근형아···

근형아.

그립고, 또 그립고 보고 싶구나.
억울하고, 억울하고, 억울하고 정말 화가 난다.
지금쯤 대학도 가고, 군대도 갈 수 있었을 텐데.
네 꿈인 선생님을 향해 전진하고 있었을 텐데.
아빠는 너무 화가 난다, 지켜 주지 못함이.
지금도 널 위해 진실을 향해 한 발 더 나아가고 있다.
아빠가 몸은 망가져 가고 있지만,
우리의 이 억울함을 그 누가 밝히겠냐.
우리 부모들이 꼭 밝히고 말 것이야.
아들아, 그곳에서 엄마, 형아, 그리고 네가 그리도
사랑하고 위했던 네 동생 세형이 잘 크는 것 지켜봐 주길 바라.
아들, 너무 보고 싶어서 밤에 잠 못 자는 날이 많아.
아빠 지금도, 아니 이 생명 다하는 날까지 진실을 꼭 밝힐 것이다.
네가 이 가정에서 왜 없어졌는지,
왜 국가에서 안 구했는지,
왜 보고만 있었는지,
왜 구조를 막았는지,
왜 기다리라고 했는지,
왜 선원들만 구조했는지,
왜 출발해서는 안 되는데 출발했는지…… 이 모든 것들……
꼭 우리 부모들은 진실을 밝히는 날까지 끝까지 간다.
사랑하는 우리 근형이…….
근형아…….

이다혜

동 너와의 추억거리 였는데
︙고 엄마 옆에 있을것 같은데....
︙리 숱이 많아서 잡으면 한웅큼이었고
︙부가 검은 빛난다고   투덜 거렸지만
︙마는 건강미가 흐르는거라고 늘 이야기
︙침개와   면류 매운음식을 좋아 했던너.
︙는것 구면 마냥 행복해 했던 엄마딸.
︙제는 추억으로만 남는구나.
︙내새끼....

사랑하는 내 딸 다혜 공주야!

1998년 1월 5일,
푹푹 빠질 정도로 눈이 많이 오던 날.
우렁찬 소리를 내며 세상에 나왔고,
너를 처음 안아 본 엄마는 감격 그 자체였다.
그때의 기분은 지금도 생생히 기억나는구나.
세상을 다 얻은 기쁨, 감격, 환희. 너무도 행복했었지.
귀하고 소중하고…… 감격에 눈물을 흘렸지.
한 해, 두 해 지나면서도 너무너무 예쁘게 잘 커주었고,
엄마, 아빠의 소중한 보물이었지.
남동생을 보며 더욱더 성숙한 엄마 딸이 되어
동생도 잘 돌봐 주었지.
초등학교, 중학교 졸업하고 단원고에 입학하면서
학교생활에 너무 행복해했던 엄마 딸.
네 모습 하나하나가 아직도 귀에 생생하고 눈에 아른거린다.
집에서나 밖에서 네 재잘대는 소리가 들리곤 한다.
너무나 그리운 엄마 공주.
온통 너와의 추억거리였는데,
지금도 엄마 옆에 있을 것 같은데…….
머리숱이 많아서 잡으면 한 움큼이었고,
피부가 검은빛 난다고 투덜거렸지만
엄마는 건강미가 흐르는 거라고 늘 이야기했지.
부침개와 면류, 매운 음식을 좋아했던 너.
먹을 것 주면 마냥 행복해했던 엄마 딸.
이제는 추억으로만 남는구나.
내 새끼……

지금은 어느 별에 있을까?

잘 지내고 있는 걸까?

친구들과 함께 있는 걸까?

그곳은 따스한 봄날같이 평안할까?

엄마는 그리워서 미칠 것만 같은데,

보고 싶어서 미칠 것만 같은데,

지나가는 여학생만 봐도 네가 생각나서 슬프기만 한데…….

엄마는 너에게 늘 미안한 마음뿐이야.

지켜 주지 못하고, 네가 없어도 이렇게 살아가고,

먹고, 웃고, 울고 일상적인 생활을 하는 것 자체가 늘 죄인이구나.

엄마 자격도 없어. 미안해. 정말 미안해.

살아 있어서 미안해. 숨 쉬고 있어서 미안해.

내 새끼……

너무 보고 싶다.

만져 보고 싶다.

안아 보고 싶다.

엄마 가슴에 널 묻고 얼마를 더 살아야 널 만날 수 있을까?

지금 이 순간도 네 목소리, 웃음소리가 귓전에 맴도는구나.

그리운 내 딸.

사랑하는 엄마 딸.

네가 엄마, 아빠 딸로 태어나 줘서 고맙고

세상에 잠시나마 살아가는 동안 기쁨이 되어 주어서 고마워.

나중에 만나면 하고팠던 이야기 많이 나누자.

그때는 우리 절대 헤어지지 말자.

그립고 또 그립다.

너무너무 보고 싶다, 우리 다혜.

시간은 흘러 4년이 되어 가는구나.

참 무심하게 잘 흐르는구나.

엄마 공주, 잘 지내고 있어.

그곳은 늘 웃을 일만 있기를 바라.

엄마 꿈에 자주 와주고, 이야기도 해줘.

엄마는 그것만으로도 감사하니까…….

공주야, 잘 지내고 있어.

엄마 새끼 영혼을 위해 엄마는 늘 기도하고 있어.

사랑한다. 아주 많이 사랑한다.

세상에서 가장 소중하고 귀한 딸, 안녕.

이민우

무 평화롭고 좋은가? 아님 데이트 하고 다니나. 아니면
들이랑 술한잔 하고 노느라 바쁜가. 요즘은 한번 오지를
네. 아빠는 엄청 보고 싶은데.
는 민우랑 아빠랑 못본지) 벌써 4년이 되가는데
는 2014년 4월 16일....;
이 멈춰 버린것 같은데 다른 사람들의 시간은 계속 흘러가고...
상이 너무 원망스럽고 그래
야 아빠가 무슨말을 적는지 모르겠다.
는 그 곳에 신이 계신다면 아빠가 한시간만 부탁한다고
해줘 그럼 아빠가 우리민우 따뜻한 밥 한끼 지어 먹여
고 잘가라는 인사라도 하게 보내게 제발 부탁드려서
다가가...
빠가 머리로 쓸땐 엄청많이 길게 쓸것 같았는데... 아빠가
리민우 살아 생전에 한번도 안 한말 사랑한다.

불러도 대답 없는 민우.

민우야, 아빠가 아들한테 편지를 처음 쓰는데

막상 쓰려 하니 어떻게 써야 할지, 무슨 말을 쓸지…….

머리는 텅 빈 것 같고 눈은 벌써 눈물이 흐르고

글씨가 보이지도 않아.

눈물 닦고 적어 봐야지.

아들, 이곳은 겨울이라 기온이 낮아.

(사실은 춥다고 적으려 했는데

차마 너에게 춥다는 말을 못 쓰겠다.)

민우야, 그곳은 어떠니?

너무 평화롭고 좋은가? 아니면 데이트하고 다니나?

아니면 친구들이랑 술 한잔하고 노느라 바쁜가?

요즘은 한 번 오지를 않네. 아빠는 엄청 보고 싶은데…….

아들, 민우랑 아빠랑 못 본 지 벌써 4년이 되어 가는데,

아빠는 2014년 4월 16일…… 시간이 멈춰 버린 것 같은데

다른 사람들의 시간은 계속 흘러가고…….

세상이 너무 원망스럽고 그래.

민우야, 아빠가 무슨 말을 적는지 모르겠다.

아들, 그곳에 신이 계신다면 아빠가 한 시간만 부탁한다고 전해 줘.

그럼 아빠가 우리 민우 따뜻한 밥 한 끼 지어 먹여 보내고

잘 가라는 인사도 하고 보내게.

제발 부탁드려서 왔다 가라…….

아빠가 머리로 쓸 땐 엄청 많이 길게 쓸 것 같았는데…….

아빠가 우리 민우 살아생전에 한 번도 안 한 말.

사랑한다.

보고 싶다.

너무 그립고 옆에 있을 땐 몰랐던
너무 소중하고 귀한 우리 민우,
사랑한다.
우리 아들이 벌써 스물두 살이 되었네.
근데 아빠는 아들이 학교 다니고 있는
열여덟 살 청소년으로만……
언제라도 문을 열고 들어와
"아빠." 하고 불러 줄 것만 같은
어린 민우로만 남아 있네.
슬프다.
성인이 되면 해보고 싶은 것도 많았는데…….
낚시도 하러 가고, 술도 한잔하며
인생의 쓰디쓴 이야기도 나누고,
민우 여자 친구 생기면 아빠랑 같이 밥도 먹고
즐거운 시간을 보내고 싶었건만…….
민우야, 아빠가 부탁 하나 할게.
아빠가 세월호의 진실을 밝히는 데 끝까지
할 수 있도록 도와주고,
시간 되면 가끔이라도 얼굴 보여 줘.
나중에 아빠가 민우한테 갈 때 그곳에서는 많이 안아 주고,
사랑한다는 표현도 하고, 이곳에서 못 한 거 다 해줄게.
어떤 말로도 표현할 수가 없어. 얼마나 많이 보고 싶은지…….
언제가 될지 모르겠지만, 민우야 기다리고 있어.
아빠가 갈게.
사랑한다, 내 아들 민우야.

이수연

다시금 빌고 또 빈다...
사랑하는 내딸 수연아! 우리는 비록 몸은
함께 멀어져 있지만 아빠의 마음속에 항상
살아있고 아빠의 심장속에서 너의 심장이 같
떡고 있음을 너도 알리 믿길 바란다...
그리고 하늘나라에서 다시 만나길 기도하.
아빠도 너를 만나는 그날까지 우리딸 수
부끄럽지 않은 삶을 살도록 노력할께.
너와 함께는 힘정하며 살아갈께...

사랑하는 수연아!

천국에서 잘 지내고 있니?
너를 보지 못한 지도 어느덧 4년이 다 되어 가는구나.
아빠는 지난 4년의 시간이 마치 멈춰 있는 듯하다.
내 딸 수연이는 이 아빠에게 세상의 전부였고
미래이며 희망이었는데
이제는 어떤 의미와 희망으로 살아가야 할지 막막하고
아직 해답을 찾지 못하고 있구나.
얼마 전 우리 집 이사를 했단다.
이사한 집 첫날 밤 꿈에 네가 찾아왔었지.
아빠 품에 안겨 편하게 잠자는 모습으로…….
아빠는 그날 밤이 지난 4년 중에서 제일 편하고 포근했단다.
마치 이사한 집에서 편하고 포근하게 살라고
위로해 주는 것 같아 너무 고마웠어.
아빠는 우리 딸한테 해주는 것이 없는데,
오히려 아빠가 받기만 하는 것 같아 미안하고 고맙구나.
돌이켜 보면 너의 모습들이 아빠는 아직도 생생하기만 하단다.
네 살 때 아빠 앞에서 재롱떨며 춤추던 모습,
아빠 팔 베고 자고 있는 모습, 초등학교 때 등교하는 뒷모습을
저 멀리 모퉁이 돌 때까지 바라보았던 기억,
그림 그리고 피아노 치던 모습, 중학교 진학할 때 설레어하며
아빠와 같이 교복을 구입하고 입어 보던 기억,
아빠에게 교우 문제로 고민을 털어놓았던 기억,
퇴근길 집 앞에서 친구랑 줄넘기 운동 하던 모습,
야자 끝나고 학교 앞에서 기다리는 아빠에게 걸어오던 모습,
"학교 다녀왔습니다." 하고 헐레벌떡 뛰어들어 오던 모습…….

수많은 너의 모습들과 기억들이 세월이 갈수록 더욱 생생하고,
너에 대한 그리움은 켜켜이 쌓여 가는 세월의 무게만큼
더 두터워지기만 하는구나.
우리 수연이는 국어 선생님이 되고 싶어 했지.
그리고 서울로 꼭 대학을 가고 싶어 했고…….
그래서 아빠는 살아생전 서울 구경이라도 제대로 시켜 주지
못한 것이 못내 후회스럽고 미안하구나.
무엇보다도 너의 꿈을 이루지 못하게 한 이 세상이
한없이 원망스럽기만 하구나.
수연아, 이제 아빠의 소망은 너와 같은 아이들이 자신의 꿈을
맘껏 펼칠 수 있는 안전하고 정의로운 세상을 만드는 것이란다.
그것이 그나마 너의 희생이 헛되지 않은
최소한의 길이기 때문이지.
그러기 위해 할 일은
네가 왜 그렇게 허망하게 세상을 떠나야 했는지
그 이유를 밝히는 것,
또 그렇게 만든 어른들에게 엄하게 책임을 묻고
잘못된 세상을 바꾸는 것이라고 아빠는 생각한다.
속 깊고 착한 수연아, 너는 자라면서 엄마, 아빠의 속을
한 번도 썩인 적이 없었어.
묵묵히 자기 일에 충실하고 학업에만 열중했던 우리 수연이……
씀씀이도 엄마, 아빠 뜻을 따라 검소하고 스스로 절약했던 우리 딸.
그래서 아빠는 더욱 마음이 아프단다.
많은 걸 보여 주지도, 주지도 못해
너무 안타깝고 미안하기만 하구나.
아빠는 우리 수연이가 아빠 딸로 태어나 주어서 고맙고,
수연이가 있어서 늘 행복했어.

수연이는 이 세상에서 아빠에게 최고의 선물이란다.

지금도 앞으로도 영원히…….

천국에서는 영원히 행복해라.

친구들과 선생님들과 이생에서 못다 한 우정, 사랑을 나누며
모든 슬픔, 아픔, 고통을 잊어버리고
오직 기쁨과 즐거움만이 넘치는 영원한 삶이 되기를 빌고 또 빈다.

사랑하는 내 딸 수연아! 우리는 비록 몸은 멀리 떨어져 있지만
아빠의 마음속에 항상 살아 있고, 아빠의 심장 속에서 너의 심장이
같이 뛰고 있음을 너도 잊지 말길 바란다.

그리고 하늘나라에서 다시 만나길 기도하마.

아빠도 너를 만나는 그날까지 우리 딸 수연이에게
부끄럽지 않은 삶을 살도록 노력할게.

너와 함께 늘 호흡하며 살아갈게.

오늘 밤에도 아빠 꿈에 찾아와 주려무나.

어떤 모습이라도 좋단다.

아빠에게는 수연이면 족하단다.

오늘도 널 기다린다.

내 딸 수연이를 사랑하고 또 사랑하고 영원히 사랑하는
못난 아빠가.

이수진

너무 아까워서 꺼내기도 부르기도 벅차

내딸 수진이.

수진아. 수진아. 수진아. 수진아

수진아 수진아 수진아 수진아

수진아!

수진아   수진아   수진

수진아

수진아   수진아~

수진아

수 진아   수진아

나의 수진이.

나의 분신 수진이. 편지를 쓴다고 괜히 대답했어!
나의 수진이가 이 글을 읽을지도 몰라!
그러나 결국은 엄마가 너의 부재를 확인하고
또 좌절하는 일임을 알면서도…….
2월이, 3월이, 수진이 태어난 날이,
수진이 천국에 올라가던 날이 다가오고,
한없는 아쉬움과 되돌릴 수 없는 지나간 날들을 꺼내는 일은
정말 고통이란다.
내 사랑하는 수진아!
천국에서 정말 이쁘게 잘 지내고 있지?
사랑스러움이 가득했던 내 딸! 아주 잘 지내고 있을 거야!
엄마는 이러면서 잘 견디고 있단다.
이름만 되뇌어도 눈가에 진물이 흐르는데!
그리운 수진이.
보고 싶은 수진이.
아까운 내 딸 수진이.
불러도 생각해도 늘 살아 있는 내 딸.
고운 모습으로 지금도 잘 지내고 있는 수진이.
너무 아까워서 꺼내기도 부르기도 벅찬 내 딸 수진이.
수진아, 수진아, 수진아, 수진아, 수진아, 수진아, 수진아, 수진아,
수진아! 수진아!
수진아, 수진아, 수진아, 수진아, 수진아!
내 딸, 내 분신 수진아!
잘 지내고 있기를 기도할게!

이연화

할아버지랑 꿈에 있나 생각해

조금은 안섭 되더라고 .

연화야 ~

딸 ~ 아프지만고 건강하게

있음 나랑이 곧 만나자 !

그리고 엄마꿈에 자주 나와

둘개로의 ~

　　사랑하는 연화를 생각하며

사랑하는 내 분신 연화야.

잘 지내고 있니?

연화야, 내 딸 연화야.

엄마는 아침저녁으로 너의 이름을 부르고 싶은데

내 옆에 네가 없네!

너무 슬프고 너무 슬프다.

엄마도 아빠도 오빠도 잘 지내고 있어. 아니, 잘 지내려고 하지.

오빠는 군대 제대해서 복학 준비하고 있고.

아, 그리고 여자 친구 생겨서 요즘 데이트하며 너무 좋아해.

아빠는 회사 잘 다니고, 너도 알지만 아빠가 정말 성실하시잖아.

몸도 안 좋은데 잘 다니신다. 감사하고 고맙지!

연화야, 우리 이사했는데 연화도 보면 좋아했을 텐데 너무 아쉬워.

네가 없어서 좋은지도 모르겠다.

사람들이 이사해서 좋냐고 물어보면 "그냥 그래요." 말해.

우리 딸하고 같이 들어왔으면 좋았겠지.

엄마 많이 좋지는 않아.

엄마는 얼마 전에 아파서 입원했다가 퇴원해서 집에만 있어.

넌 어떻게 뭘 하고 있을까?

보고 싶다. 정말 보고 싶어.

얼마 전 이모 꿈에 네가 외할아버지랑 손잡고 있었다고 하더라.

그 말 듣고 할아버지랑 같이 있나 생각하니 조금은 안심되더라고.

연화야.

딸, 아프지 말고 건강하게 잘 지내고 있으면 나중에 곧 만나자!

그리고 엄마 꿈에 자주 나왔으면 좋겠어.

사랑하는 연화를 생각하며, 엄마가.

이영만

바스락 바스락 낙엽 밟는 소리에서도 다정했
너의 음성을 들으려 귀를 기울인다.
네가 떠난뒤 언젠가 바닷가에서 들리던
철썩철썩 치는 파도 소리가 엄마, 엄마하
애타게 부르는 너의 목소리처럼 들려
가슴이 찢어질것만 같더구나.
먼 곳에 있지만 여전히 너는 이렇게
어느곳에서나 매순간 함께 숨 쉬고 동행하
있다고 위안을 삼으며 함께했던 아름다운
추억과 행복했던 기억들을 하나하나 꺼내어

나의 사랑 미소 천사, 영원한 별, 영마이!

아침에 눈을 뜨자마자 여느 때처럼 베란다 창문을 열고,
오늘도 너의 하루가 기쁘고 평안한 날이길
하늘을 올려다보고 기도하며 너와의 아침 인사로 하루를 시작해.
베란다 창가에서 매일 아침 힘차게 달려가는 너에게
손 흔들며 배웅하고 맞이했던 그 시간들이 너무도 그립다.
보고 싶은 아들 영마이, 잘 지내고 있지?
아들이 있는 그곳은 어떤 날씨일까, 또 어떤 풍경일까?
스무 살을 넘긴 청년 아들은 어떤 모습으로
뭘 하며 지내고 있을까?
매일매일 똑같은 생각으로 그저 널 그리고 상상해.
지금 이곳은 추위를 즐기던 아들이 좋아하는 겨울, 2월이야.
너의 생일도 곧 다가오고 있지.
1998년 2월 19일 기관지 식도루라는 큰 병을 가지고
세상을 만난 나의 아가.
대수술을 받고 그 작은 몸에 주렁주렁 호스를 달고
인큐베이터 안에서 삶의 끈 잡으려 힘겨워하는 널 지켜보며
죄스러워 가슴이 미어졌는데······
이 땅 떠나면서도 고통으로 얼마나 세상을 원망했을지······.
널 보내고 하루도 아프지 않고,
하루도, 아니 잠시도 네가 생각나지 않을 때가 없지만,
네가 없는 너의 생일이 다가오는 것은 그 어느 때보다도 두렵고
참을 수 없는 아픔과 슬픔으로 더욱더 괴롭기만 하단다.
단정하게 교복을 차려입고 왁자지껄하며 무리 지어 가는
학생들 속에서 엄마는 그리움으로 너의 모습을 찾고,
눈부시게 비치는 햇살에서,

볼에 차갑게 느껴지는 불어오는 바람에서,

바스락바스락 낙엽 밟는 소리에서도

다정했던 너의 음성을 들으려 귀를 기울인다.

네가 떠난 뒤 언젠가 바닷가에서 들리던 철썩철썩 치는 파도 소리가

"엄마, 엄마." 하고 애타게 부르는 너의 목소리처럼 들려서

가슴이 찢어질 것만 같더구나.

먼 곳에 있지만 여전히 너는 이렇게 어느 곳에서나

매 순간 함께 숨 쉬고 동행하고 있다고 위안을 삼으며,

함께했던 아름다운 추억과 행복했던 기억들을

하나하나 꺼내어 본다.

하지만 지금 이 순간 내 곁에 아들이 없는 이 세상은 아무런 의미도

미련도 없어 하루하루 견디며 살아 내는 게 참 힘겹구나.

고통의 무게를 저울질할 수는 없겠지만,

세상 모든 짐을 다 진다 해도 이렇게 아프고 고통스러울까!

무엇을 하든 껌딱지처럼 늘 붙어서 정말 많이 의지하고 사랑했던

그 평범한 일상들이 행복했음을 돌아본다.

세상 모든 것이 이치와 순리대로 돌아가는 줄로만 알았다.

세상 어떤 부모가 자식이 먼저 떠날 거라고 꿈에라도 생각할까!

착하고 순수했던 아들이 부패한 이 나라로부터 아무 이유 없이

버림받았다는 것을 생각하면 참을 수 없이 분노가 일고

그 잔인함에 더욱 가슴이 찢어진다.

그렇게 소중한 너를 보내고서야 못난 엄마는 조금씩

세상을 알아 가고 있구나.

살가운 애교쟁이 보물이었던 아들이 떠난 뒤,

말도 웃음도 잃은 우리 가족들은 아주 많이 달라진 삶을 살고 있어.

무엇으로도 채울 수 없는 너의 빈자리는

네가 얼마나 귀하고 소중했는지 매일, 매 순간 느끼게 해.

운동을 좋아하는 아빠 때문에 주말마다 수임봉에 오르고
화랑유원지를 몇 바퀴씩 돌 때면
정한 목적지에 몇 달음에 다다르는지 껑충껑충 뛰며 내기하던
그 길을 이제는 엄마 혼자 터덜터덜 걸으며
머릿속은 온통 네 생각으로 가득 차 추억이 떠오를 때도,
또 아무 일 없는 듯 지나는 사람들을 보며
가여운 네가 떠올라 목이 메고 왈칵 눈물이 쏟아질 때면
그리운 네 이름을 조용히 불러 본다.
수천, 수만 번 너의 이름을 부를 때마다 아무것도 하지 못한 채
널 떠나보낸 죄책감에 미안하다는 말만이 신음처럼 토해진다.
영문도 모른 채 떠날 수밖에 없었던 가여운 아들.
그 차가운 바닷속에서 이 땅 어른들과 세상을 원망하며,
사랑하는 가족과 엄마를 애타게 부르며,
떠나고 싶지 않아 얼마나 발버둥을 쳤을까 생각이 들 때면
못난 엄마여서 나 자신이 원망스럽고 살아 숨 쉬고 있는 것조차
미안해 숨이 멎을 듯해.
사랑하는 나의 아들 영만아!
여전히 밝게 빛나고 있을, 이루지 못한 너의 꿈을 너 대신 꿈꾸며
어설프지만 무대에서 노래하고 있는 엄마의 응원 듣고 있겠지.
이 나라에 책임져야 할 어른으로서, 부모로서, 영만이 엄마로서
못난 어른들이 저지른 이 참사의 진실을 찾는 노력을 멈추지 않을게.
가슴 저리도록 보고 싶은 나의 아들 영만아!
혼자 외롭게 있게 해서 미안해. 아주 조금만 기다려 주렴.
세상을 원망하며 아픔과 상처로 차갑게 돌아왔던 너.
훗날 만나면 엄마 품에 따뜻하게 꼭 안아 줄게.
우리 그때에는 주님의 나라, 네가 있는 천국, 이별 없는 그곳에서
못다 한 이야기, 못다 한 사랑 맘껏 나누며 영원히 함께하자.

나의 아가, 언제까지나 널 사랑해.

2018년 2월 어느 날,
이 밤도 널 기다리며, 사랑하는 엄마가.

이재욱

오늘도 엄마는
눈 뜨자 마자
칫속의 숨결로
너의 안위를 묻는다.
"잘 잤니?"
"응, 엄마"

설날 아침.

없다.

네가.

아니,

있다.

네가.

순간순간, 찰나찰나

네가 보여

엄마 가슴은 늘 요동친다.

어제는 바람으로, 오늘은 구름으로, 내일은 또 무엇으로?

엄마 세포 마디마디 각인되어 있는 너!

이재욱!

18세. 대한민국의 건강한 청소년.

튼실한 꿀벅지, 엉큼한 미소,

간드러진 웃음이 최고였던 아이.

자유로운 뇌의 주인공.

세상을 환하게 밝히는 빛!

존재 그 자체만으로도 세상의 전부였던,

그 어떤 것으로도 표현되지 않는 존재감.

너는 내 인생.

그런 아이다, 너는.

편지를 쓰란다, 너에게…….

이 얼마나 잔인한 일인지.

너의 부재를 인정하는 암묵적인…….
그래서 엄마가 많이 망설였나 보다.
늘 이야기하고 있는 너를 두고
쉽게 펜을 들 수가 없었다.

아직도 엄마는 너의 부재를
인정하지 않고 있다.
언젠가 그때가 되면 너를 먼저 만나
함께 손잡고 걸으며 얘기하자꾸나.

그립고 그립고 그리운 나의 아들아.
미안한 마음도,
사랑하는 마음도,
지금은 조금 접어 두자.

칼로 도려내는 듯한 통증이
가슴 한가운데를 타고 내려오는 순간마다
그리움의 아련함에 심장이 쿵쿵거리나
그 순간도 오롯이 너를 느끼는 순간이라
집중, 또 집중하고 있다.
너와 함께하는 느낌,
어떤 건지 너도 알지?

너에게로 달려간 시간이 4년이구나.
얼른얼른 시간을 통과해서
우리 만나서
다정히 손잡고 웃을 수 있는 날이 오길

손꼽아 기다린다.

오늘도 엄마는
눈뜨자마자
귓속의 숨결로
너의 안위를 묻는다.
"잘 잤니?"
"응, 엄마."

재욱에게.

추신.
소식 전한다.
할머니, 할아버지, 외할머니께서는 해를 더할수록
조금 노쇠해지시나 걱정하지 않을 정도로 건강하시다.
아빠의 배터리 사업은 너도 알다시피…….
아마 네가 많이 보고 싶으실 거다. 자주 안부 전하렴.
누나는 캐나다 연수 마치고 원 없이 공부하고 있다.
남자 친구도 생겼는데 이미 얘기했겠지?
5인방 독수리들에게 안부 전해 주렴.
우리, 잘 있다고…….

이준우

아주 오래된 친구 처럼...
그런걸 너와 나의 끈으로 잇고 싶다.
너무 고마운 사람들이 많아 졌단다.
허덧는데. 아주 많이 슬펐는데.
지켜주고 따뜻한 사람들이 주위에
감았단다.
그걸 아파해 헤어 나올수 없었는데...
하다. 지금도 아픔은 계속되고 있지만
생하고 살아 가는 이유는

사랑하는 우리 아들 준우.

잘 지내지? 어엿하고 멋지게 잘 지내고 있을 거라 믿는다.

너를 못 본 지 많은 시간이 흐르고 있구나.

기쁨도, 슬픔도 한순간이라는데 우린 계속 영원할 것 같다.

잘 지내고, 잘 버티고 있지. 모두가 널 사랑하고 있거든.

무척 매력 넘치는 널 궁금해하고 있어. 그리고 많이 알고 싶어 해.

아주 오래된 친구처럼……. 모든 걸 너와 나의 끈으로 잇고 싶다.

너무 고마운 사람들이 많아졌단다.

슬펐는데, 아주 많이 슬펐는데,

아껴 주고 따뜻한 사람들이 주위에 많았단다.

너로 인해 헤어날 수 없었는데…….

지금도, 지금도 아픔은 계속되고 있지만,

소생하고 살아가는 이유를 만들어 주고 있었어.

가끔 너의 이야기가 듣고 싶고 궁금하구나.

다른 삶, 다른 세상에 있지만,

가끔 엄마는 등 뒤에서도 귓가에서도 사랑한다고

네가 항상 말하는 것 같아.

"엄마, 사랑한다."

"I Love You."

눈물은 참고 있는데,

가슴에서 뺄 수가 없어.

가끔 깜짝 놀란다는 건, 아들이 잘 지낸다는 것!

엄마의 하루 속에 너랑 있는 게 행복해.

엄마는 네가 너무 그립고 보고 싶단다.

요즘 아빠는 마음의 이야기를 들려주고 싶어 해.

가끔 더 가까이 다가와 주렴.

부쩍 커버린 동생 태준이도 고3이 되었어.

조금만 더 힘내라고 옆에 있어 줄래?

너의 사진도, 너의 모습도, 그때 그 시간도 우린 행복했지.

언제나 함께하는 거야.

그때처럼…….

2018년 2월 어느 날,

너를 사랑하는 엄마가.

이지민

우리 지민아.

너는 엄마에게 봄이고 여름이고 가을이며 겨울이야.

너는 바람이며 빗물이며 나무와 숲이며

파란하늘이고 수도 없이 떨어진 낙엽으로 쌓여있는

걸어도 걸어도 끝이 없는 길이며 하늘에 펑펑 쏟아

지려는 함박눈이기도 해.

우리 가족들이 너와의 추억을 이야기 하다가

울기도 웃기도 한다는 걸 너도 알꺼야.

우리 가족은 늘 너와 함께 살며 꿈꾸며

그리움을 나누고 있어.

내 딸에게.

올해는 눈이 참 많이 내렸다.
너의 볼처럼 동글동글한 모양의 하얗고 깨끗한 눈이
참 많이도 내렸다.
이곳으로 이사 와서 눈을 참 많이 만났다.
엄마가 눈이 오는 날을 좋아한다는 걸 너는 알 거야.
눈이 내릴 때면 창밖을 보면서 너를 떠올리며
너에게 말을 걸고, 너를 생각하곤 해.
이제 곧 따스한 바람을 타고 벚꽃이 흩날리며 봄이 찾아오겠지.
봄이 오는 곳곳에서 너는 엄마 곁으로 다가와
살며시 숨을 쉬며 봄을 호흡하겠지.
여름이면 온통 초록 물감으로 색을 입힌 나무로 가득 채워
아름다운 숲을 이룬 그곳, 여름이면 늘 찾아갔던 시골 외갓집.
엄마와 너의 고향이기도 한 그곳으로 다시 또 너와 함께
찾아가고 싶어지겠지.
가을에는 더없이 높아진 하늘을 보며 볼이 통통한 너의
해맑은 미소를 떠올리고 때론 낙엽 진 길을 걸으며
엄마는 다시 널 그리워하겠지.
우리 지민이.
불러도 자꾸 부르고 싶은 나의 딸 지민이.
우리 지민이.
너는 엄마에게 봄이고 여름이고 가을이며 겨울이야.
너는 바람이며 벚꽃이며 나무와 숲이며 파란 하늘이고,
수없이 떨어진 낙엽으로 덮여 있는,
걸어도 걸어도 끝이 없는 길이며,
하얗게 펑펑 쏟아져 내리는 함박눈이기도 해.

우리 가족들이 너와의 추억을 이야기하다가
울기도 웃기도 한다는 걸 너도 알 거야.
우리 가족은 늘 너와 함께 살며 꿈꾸며 그리움을 나누고 있어.
우리 가족이 살아 숨 쉬는 동안,
그리고 너의 곁으로 가는 날까지
함께 기억하고 행복으로 추억하며
마음으로 영원히 간직할 거야.
사랑해, 우리 딸 지민이.

2018년 2월 8일,
엄마가.

이창현

누나는 너 가고나서 1년을 휴학해서

년을 더 다녀야 졸업해.

친구들은 군데가고 아빠는 당구장하

나는 대학졸업반이고 ····

들 변했는데 창현이만 여전히

그 까칠한 소년이네.

영원한 소년 창현아!

그 겨울엔 롱패딩이 유행이야.

창현아!

하늘나라 여행 잘하고 있지? 거기 공기는 어때?
여기는 영하 17도까지 내려가는 강추위가
어제까지 무려 일주일 동안이나 계속되었어.
밖에 나갈 때는 머리부터 발끝까지 꽁꽁 싸매고 나가곤 했지.
근데 오늘은 날이 좀 풀리면서 눈이 내리네.
눈송이끼리 서로 부딪치지도 않고 순서대로 내려 쌓이는 모습이
평화로워 보여서 한 시간 정도를 눈을 맞으며 혼자 걸었어.
걷는 내내 우리 아들 생각을 했지.
초등학교 4학년 때 교회 겨울 수련회를 스키장으로 갔었지.
스키 강사로부터 스키 타는 법을 배우고 익히자마자
초급자 코스에서 두세 번 타보더니
말릴 틈도 없이 중급자 코스로 이동해 스키를 타고
내려오는 모습을 보며 '저러다 넘어져 다치면 어쩌나.' 하고
가슴 졸였던 일, 화장실을 갔다가 일행과 떨어져
미아가 될 뻔했던 일,
저녁에 숙소에서 친구들이랑 컵라면을 먹으며 행복해했던 일 등등.
그때는 엄마랑 참 잘 지냈었는데…….
그래서 엄마는 그때 스키장에서 찍은 네 사진을
냉장고에 붙여 놓았어.
엄마의 손길이 닿는 걸 좋아했던
그때 그 모습을 언제나 기억하려고.
눈이 내린 탓에 지나다니는 사람이 많지 않아서인지
파지를 줍는 할머니, 할아버지들이 눈에 띄었어.
파지를 가득 실은 리어카를 힘겹게 끌고 가시는
할머니, 할아버지들을 볼 때면 자동적으로 창현이가 떠올라.

고등학교 1학년 때였지.

집에 오자마자 "엄마! 나 오늘 할아버지 리어카 밀어 줬다!"라고

말하고는 콧노래를 부르며 네 방으로 들어갔었지.

엄마는 그날 정말 기뻤어.

창현이가 먼저 엄마에게 말을 건넸다는 사실이 기뻤고,

창현이가 남을 돕는 일을 좋아하고 보람 있어 한다는 것을

알게 되어 기뻤어.

우리 창현이는 그런 아이였는데…….

창현이가 떠나고 난 다음에야 친구들을 통해서 알게 되었어.

창현이가 힘들어하는 친구들을 많이 챙겨 줬었다는 사실을…….

창현아! 네 친구들 소식 궁금하지?

선우랑 인표는 군대 갔어. 승혁이랑 재선이랑 친구 몇 명은

지난번 네 생일 때 효원가족공원에 다녀갔더라.

준범이는 대구에서 학교 다니느라 친구들을 잘 못 만난대.

엄마, 아빠보다 좋아했던 네 친구들인데…….

그래서 잘 챙겨 주기로 아빠랑 다짐했었는데,

아빠가 당구장을 개업한 이후로는 좀 뜸했네.

앞으로는 잘 챙기도록 할게.

아빠 당구장 이름은 현당구클럽이야.

어떤 경우에라도 창현이를 잊어버리면 안 된다고

엄마가 그렇게 하자고 했어.

누나는 너 가고 나서 1년을 휴학해서 1년을 더 다녀야 졸업해.

친구들은 군대 가고 아빠는 당구장 하고 누나는 대학 졸업반이고……

다들 변했는데 창현이만 여전히 고2 까칠한 소년이네.

영원한 소년 창현아!

올겨울엔 롱 패딩이 유행이야.

평창 동계 올림픽 영향인지 많은 사람들이 롱 패딩을 입고 다녀.

누나도 마찬가지이고. 엄마도 가족협의회에서 단체로 맞춘
노란색 롱 패딩을 입고 다니는데 추위를 많이 타는 엄마에게는
안성맞춤 옷 같아.
우리 창현이도 입으면 잘 어울릴 텐데…….
비슷한 또래의 아이들이 서너 명씩 무리 지어 떠들며
지나가는 모습에서 창현이를 발견하곤 해.
함께 있을 때 잘해 줘야 했는데…….
용돈도 좀 더 많이 주고, 같이 여행도 다니고,
맛난 것도 먹으러 다니고, 사진도 찍고 할걸.
중학생 이후로는 엄마랑 단둘이 찍은 사진이 하나도 없더라고.
사춘기에 접어들면서부터는 사진 찍는 걸 유난히 싫어했지.
그래도 누나가 핸드폰으로 찍어 놓은 사진들이 있어서
너무 다행이야.
창현이에게 못한 만큼 누나랑 아빠에게는 잘해 줘야 하는데
그게 말처럼 쉽지는 않네. 그렇지만 노력은 하고 있어.
창현이를 놓치고 나서 남은 건 후회뿐인데
또 후회할 일 만들면 안 되잖아.
사랑하는 엄마 아들 창현아!
보고 싶어. 목소리도 듣고 싶고. 어떻게 방법이 없을까?
엄마도 노력할 테니까 창현이도 노력해 줄래?
간절히 원하면 꼭 이루어질 거야.
엄마가 더 많이 노력할게.
그럼 다시 만날 때까지 잘 지내. 안녕.

2018년 1월 30일 화요일,
사랑하는 엄마가.

이태민

태민아 !

생들이 세상을 살아가는 동안 너무 힘들지

않게 곁에서 지켜줘

엄마가 아들한테 부탁하지 않아도

항상 곁에 있어 주겠지. 동생들은 너무도

아끼고 사랑하는 오빠 였으니깐.

우리 태민이가 우리들과 함께 있진 않지만

우리 가족들 마음속에 영원히 함께 할거야

늘 잊지 않을께

우리 아들 태민이도 엄마 꼭 기억해 주겠지

사랑하는 내 아들 이태민에게.

태민아!
엄마는 아직도 너의 이름만 불러도
심장이 끊어질 듯 아프고 눈물이 난다.
너무도 많이 보고 싶은 내 아들 태민이.
이렇게 너에게 편지를 쓰려니 눈물이 너무 많이 나는구나.
한 줄 쓰고 울다가 또 쓰기를 반복하며
내 옆에 없는 너에게 하늘로 보내는 편지를 쓴다.
그곳은 춥지도 덥지도 않고, 아픔도 없는
따뜻하고 행복한 곳이겠지?
엄마는 우리 태민이가 힘들었던 기억들을 모두 잊고
그곳에선 꼭 행복해졌으면 좋겠어.
모든 것에 양보만 하고 남을 먼저 생각하고 배려심 많았던 태민이.
그런 아들이었기에 엄마는 네가 없는 세상을
살아가기가 더 힘들어.
태민이가 엄마의 아들이었던 18년.
엄마는 너무도 많은 사랑을 너에게 받았고,
그래서 너를 더 많이 의지하며 살아왔던 것 같아.
너는 태어나는 순간부터 엄마에겐 행복이고 기쁨이었어.
아기 때부터 엄마 옆만 졸졸 쫓아다니며 엄마를 지키더니
커서도 엄마가 힘들어할까 봐 모든 일을 자기 스스로 했고,
속 한 번 썩이지 않았고 힘든 일이 있어도 혼자서 해결하려 했지.
모든 것을 동생들에게 양보하는 오빠였지.
미용 일을 하는 엄마를 돕는다고
초등학교 4학년이었던 넌 열 살 터울 나는 막내 나연이를
우유를 타 먹이고 기저귀를 갈아 주며 동생들도 잘 돌보아 주었지.

242

태민아!

초등학교 1학년이었던 나연이가 벌써 5학년이 됐어.

잠을 자고 있는 나연이를 보면 네가 자고 있는 것 같아.

어쩜 너 어릴 때랑 똑같은지…….

나연이를 볼 때면 네가 더 많이 보고 싶어.

아기 때도 똑같더니 커가는 모습이며 하는 행동, 성향이

너와 많이 닮았어.

그래서 더 많이 네가 보고 싶어서 마음이 아파.

넌 이렇게 어린 나이에 동생들을 챙겨야 하는 부담감이

얼마나 컸을까?

그래서 어려서부터 철이 빨리 들었고

모든 것을 혼자 해결하려 했던 너였지.

아들에게 힘이 되어 주는 존재가 아닌,

의지만 하고 살아왔던 못난 엄마여서 미안해.

많이 챙겨 주지도 못하고 사랑한다고 표현도 많이 못 했는데

우리 아들은 엄마에게 너무 많은 것을 주었어.

태민아!

그렇게 이쁘고 사랑스러운 우리 아들이 없는데

이렇게 밥을 먹고 숨을 쉬고 일상을 살아가고 있어.

처음엔 네가 없는 세상을 살아갈 자신이 없었어.

그래서 극단적인 생각을 한 적도 있었어.

그럴 때마다 남은 동생들이 떠올랐어.

'엄마가 없으면 우리 딸들은 어떻게 하지?' 하는 생각을 하니

태민이한테, 동생들한테 너무 미안했어.

동생들에게 또 태민이가 힘들어한 것을

똑같이 살아가게 할 수 없었어.

마음을 다시 다잡으며 용기를 내고 힘을 냈어.

2014년 5월 6일 너를 하늘로 보내고,

8일 어버이날 엄마에게 찾아와 눈물을 흘리며

"엄마, 미안해, 먼저 가서…….

우리 엄마 나 없으면 안 되는데…….

나 때문에 너무 많이 울지 마." 하고 인사를 하고 떠난 너.

그렇게 꿈에 찾아와 엄마를 걱정했던 너였기에

너를 더 힘들게 할 수가 없었어.

그 떠나는 발길이 얼마나 힘들었을지 엄마는 알고 있으니까.

숨을 쉬기도 힘이 들고, 밥을 먹기도 잠을 자는 것도

아들한테 미안하지만 하루하루 용기를 내며 버티어 내고 있어.

엄마는 평생 너를 그리워하고 아파하며 살아가겠지.

너를 지키지 못한 죄인인 엄마이기에.

태민아!

엄마는 괜찮아. 다 견디어 낼 수 있어.

나중에 우리 아들 만나러 갈 때까지 잘 견디어 낼게.

아들의 엄마잖아.

너를 떠나보낸 지도 벌써 4년이 되어 가.

그동안 소연이는 고등학교를 마치고 대학교에 진학을 했어.

손재주가 많은 소연이는 피부미용과로 진로를 정했지.

어제 소연이 고등학교 졸업식이 있었어.

졸업식 일주일 전부터 걱정이 많았어.

그곳엘 꽃을 사 들고 담담하게 들어갈 수 있을까?

아들은 졸업도 못 하고,

한창 이쁠 때 너무도 힘들게 세상을 떠났는데.

졸업식에 가서 꽃을 주고 사진을 찍고…….

하지만 안 갈 수도 없기에 용기를 냈어.

힘을 냈어. 내 딸을 위해서.

소연이도 오빠가 많이 생각나서 마냥 기뻐할 수 없을 텐데,

엄마인 내가 힘들어하는 모습을 보여 주면 안 될 것 같았어.

태민이도 우리한텐 보이지 않지만 꽃을 들고 우리 옆에 있겠지.

네 또래 아이들이 동생 졸업을 축하하기 위해 온 것을 보고

엄마는 또 힘이 들더구나.

그렇게 우리는 하루하루를, 너 없는 시간들을 견디어 내고 있어.

그리고 막내 나연이는 가끔씩 네 이야기를 해.

네가 많이 보고 싶은가 봐.

처음엔 네가 다시 올 수 있다고 여겼는지 받아들이질 못했어.

이제 아는 듯

"오빠가 하늘나라에서 우리 보고 있지?"라고 말하곤 해.

가끔은 오빠 이야기를 하며 시무룩해하고

창밖을 보며 울기도 한단다.

그렇게 동생들이 힘들어할 때면 엄마는 가슴이 찢어질 듯이 아파.

태민아!

동생들이 세상을 살아가는 동안 너무 힘들지 않게 곁에서 지켜 줘.

엄마가 아들한테 부탁하지 않아도 항상 곁에 있어 주겠지.

동생들을 너무도 아끼고 사랑하는 오빠였으니까.

우리 태민이가 우리와 함께 있진 않지만,

넌 우리 가족들 마음속에 영원히 함께할 거야.

너를 잊지 않을게.

우리 아들 태민이도 엄마 꼭 기억해 줄 거지?

엄마가 동생들 다 키워 놓고 성인이 되면

우리 아들 만나러 갈게.

그때까지 엄마 잊지 않고 기다려 줄 거지?

다시 만나는 그날까지 잘 견디어 낼게.

너무 많이 보고 싶다, 내 아들 태민아.

엄마가 너무 많이 사랑해.

엄마가 너무 많이 미안해.

그리고 너무 많이 고마웠어.

내 사랑하는 아들 태민아!

2018년 2월 10일.

이한솔

솔 ~ 너무보고 싶고 그리운 내 새끼 ~

한솔 ~ 한솔이가 엄마 아빠 딸이여서

너무너무 행복했란다.

상 활짝 웃는 모습이 너무 예뻤란다.

들 열심히 최선을 다하고.

항상 노력하고. 그런 모습을 바라

볼때면 .....

족한 부모여서 한없이 미안하고

또 미안했란다.

한솔, 너무 보고 싶고 그리운 내 새끼.

한솔이가 엄마, 아빠 딸이어서 너무너무 행복했단다.
항상 활짝 웃는 모습이 너무 예뻤단다.
뭐든 열심히 최선을 다하고, 항상 노력하고,
그런 모습을 바라볼 때면……
부족한 부모여서 한없이 미안하고 또 미안했단다.
엄마, 아빠의 빈자리에서 울 한솔이가 동생도 항상 지켜 주고
잘 챙겨 주었는데, 그런 한솔이 빈자리가 너무 커서
엄마, 아빠, 동생은 힘이 드는구나.
너무나도 소중한 울 딸 한솔아,
울 딸이 엄마, 아빠, 동생 곁을 떠난 지 어느덧 4년이 되는구나.
한 번만이라도 안아 보고 싶다.
우리 딸내미…… 너무 힘들다…….
엄마, 아빠, 동생은 힘들어도 견디고, 참고,
하루하루 열심히 살아갈 것이다.
한솔이를 위해서.

울 한솔이가 어느덧 숙녀가 되었구나.
얼마나 예쁠까…… 울 딸랑구 한솔.
친구들과 선생님이랑 이루지 못한 꿈 천국에서 꼭 이루길 빌게.
엄마, 아빠가 지켜 주지 못해 너무너무 미안합니다.
항상 밝고, 행복하고, 즐겁게 지내…….
엄마, 아빠, 동생과 다시 만날 그날까지 안녕…….
엄마, 아빠, 동생한테 너무나도 소중한 한솔…… 사랑합니다.

이해주

...간은 너무도 조용히 흘러 인제 잊어오

...르게 사람들에게서 잊어지고 이제의

...는 무신경의 세계로 안내하는 듯 하구나

제가 없는 오늘은 없을 것이고 오늘이

...일로 없을 터인데 그저 내일만 바라는

...섬을 만드는게 시간이구나

...정히 많은 사고가 일어나는 데도 왜 그게

...일어나는지도 모르고 예방법도 찾지

매일 아침 이불 속에서 나오기 싫은 몸을 겨우 일으켜
배시시 눈 비비며 새로운 날을 기대하고 일어나
출근, 등교 준비하느라 온 가족이 부산하게 움직인 것이
엊그제 같은데…… 며칠 후면 돌아온다고 하고선
4년이 되어 가는데 아직 집에 오질 않는구나.
이제는 그리 바쁜 아침도 아니고, 시간 맞춰 학교를
데려다주어야 할 사람도 없으니 늦잠을 잘 만도 하건만
오히려 더 일찍 일어나 혼자 바쁘게 준비하고 멍하니 앉아
티브이만 쳐다보는구나.
차라리 그때처럼 시간에 쫓기듯 생활하는 것이 나은데,
익숙하기도 하고……. 지금의 남는 시간이 오히려 낯설단다.
나보다 먼저 먼 길을 떠날 줄이야 어찌 알 수 있었단 말인가?
내가 먼저 가서 길을 닦아 놓아야 할 것을,
예쁜 우리 딸이 먼저 가서 꽃길을 만들 줄이야…….
오늘도 난 부지런을 앞세워 학교에 데려다줄 생각에
일찍 일어나 준비 중이란다.
날씨가 추우면 더 부지런을 떨지…….
올해로 만 스물한 살이 된 너의 모습을 상상하며
혼자 미소도 지어 보고 눈물도 흘리며……
여러 가지 상상에 내 얼굴은
미소와 분노가 교차하기를 반복한단다.
지금쯤 멋 내느라 이쁘게 화장도 하고
공부하느라 퉁퉁 부은 얼굴로 취업 걱정에
앞으로 무슨 일을 하고 살아야 하나 온 세상 걱정은
혼자 짊어진 듯한 너의 표정을 상상한단다.
그런 너를 보고 난 살짝 미소 지으며 이렇게 말하겠지.
"해주야, 그냥 열심히 하면 돼. 그럼 잘될 거야."

그럼 넌 이러겠지.

"되는 일이 없어요."

해주야, 4년여를 기다려 혹 영화처럼 새벽에 대문을 두드릴까

하는 생각으로 견뎌 가고 있단다.

많은 사람들이 잊은 지 오래지만,

절대로 잊을 수 없는 것이 너와 나의 인연인지라

오늘도 잠깐이나마 잊고 있지 않나 하는 두려운 마음으로 산단다.

하늘공원에 자주 가보지 못해 미안하구나.

사실 하늘공원만 가면 화가 머리끝까지 올라와

이 세상에 대한 분노만 쌓인단다.

어찌할 수가 없네.

시간은 너무도 조용히 흘러 언제 일이 있었는지 모르게

사람들에게서 잊히고 어제의 일도 잊고 사는 무신경의 세계로

안내하는 듯하구나.

어제가 없는 오늘은 없을 것이고 오늘이 없는 내일도 없을 터인데

그저 내일만 바라보고 사는 인생을 만드는 게 시간이구나.

여전히 많은 사고가 일어나는데도 왜 그러는지, 왜 일어나는지도

모르고 예방법도 찾지 않고 후회만 하는 데 익숙한 것 같아.

또한 나만 아니면 될 것이라고 생각하고,

다음 차례가 자기 자신이 될 줄 모르고…….

해주야, 너의 얼굴을 본 지 4년이 되어 간단다.

하지만 내 마음속엔 아직 어제 너를 여행 보낸 듯 생생하구나.

해주가 돌아오지 못한 4년 동안

우리 가족에겐 많은 일이 있었단다.

할아버지께서 너의 곁으로 떠나셨단다.

널 그렇게 보고 싶어 하셨는데

따뜻한 말 한마디 못 하고 보낸 것이 한이라며

늘 그리워하셨단다.

엄마는 두 번의 큰 수술을 받았고

또 한 번 큰 수술이 기다리고 있고,

그나마 언니는 졸업해서 올해부터 취직해

광주에서 혼자 생활하며 직장에 다니고 있단다.

다행이라 생각하면서도 난 또 언니 걱정에

밤을 새우고 있단다.

그나마 난 간단한 수술 두 번에 고질적인 허리 통증 말고는

아픈 곳이 없는 것 같아 다행이란다.

즐거운 일이 있어도 슬픈 일이 있어도,

난 즐겁지도 슬프지도 않은 그런 삶을 살며

오직 해주에 대한 미안함과 그리움으로

하루하루를 겨우 살아가고 있단다.

부디 너의 일이 잘되길 바라고

우리 남아 있는 가족 건강하게 살다가

너의 곁에 무사히 가서 우리 넷이 손잡고 함께 웃을 수 있기를

두 손 모아 빌어 본다.

해주야 미안해. 사랑해. 그리고 보고 싶다.

우리 다시 만날 때까지 너만 생각하며 살게.

2018년 2월 유난히 추운 겨울,

해주 생각에 잠 못 이루는 못난 아빠가.

이혜경

축냉송은 여전히 그럴까. 엄마는 딸내미가
건양말을 회사에 가져가 사지사철 몇 해째
그 없구나. 그러지 말라고. 그냥 엄마 마음이
걸리지가 않아서 · · ·
쟁이가 더 멋스럽게 자랐지. 몰라볼 정도로
지만 아빠, 언니, 엄마는 금방 알지.
내가 마음속 곱게 쌓놓았던 말을 꺼냈지. 멋
ㅇ을 뭐라 표현을 했을까? 궁금허지.

보고 싶어요. 세상에 둘도 없던 내 사랑 혜경아.

이제 일어나자, 잠자는 공주님.

기지개 켜고 엄마랑 하던 쭉쭉 다리도 뽀디뽀디.

주말을 즐기는 이불 속에서 이 글을 보는 그리움덩이 딸이

벌써부터 훤히 눈에 비치고 있네요.

엄마에게 태아부터 마지막 포옹이 되어 버린 그 순간까지

예쁘고 사랑스러운 모습을 기억하도록 흔적의 향기를 진하게

담아 놓은 보물 창고를 남겨 놓았지.

늘 보물 창고를 열어 놓아도 향기는 더 진하게 채워져 있단다.

그래서 오늘은 그 보물 창고에서 아기자기 글씨체를 소중하게 꺼내

엄마 손가락에 복사해 천천히 써내려가 보려고 해. 괜찮지?

시작할게, 딸아.

뷰티 아티스트가 되는 꿈.

미용 학원 등록하던 그날, 좋아서 세상 부러울 것 없듯 환하게 들떠

"엄마, 버스비는 내가 낼게." 했잖니.

그리도 좋은 걸 1년을 어떻게 참고 꾹꾹 누르고 있었을까.

많이도 애타는 기간을 조용히 보낸 마음이 예뻤지.

꿈이라는 꽃을 한 잎씩 펼치는 과정들.

겨울 찬바람 마주하며 내딛던 거리와

녹초가 되어 현관문 들어서기 바쁘게 딸내미 방에 눕던 날들.

열여덟 해의 손끝에서 시작된 다양한 화장법을 재미있게 습득하는

중이었고 미용 학원 선생님도 참 잘한다고 칭찬해 주셨던,

힘들어도 하고자 하는 분야에서 아낌없이 열정을 쏟아부었던

뷰티 학원 걸음마.

메이크업 박스를 애지중지 다루던 화장대 앞 모습,

먼지 한 톨이라도 털어 내려던 동작들…….

작은 입술을 모아서는 호호 불었잖아.

작은 붓으로 틈새를 솔질하기도 했지.

전부 다 생각나는 날이다. 그렇지! 내 딸아.

여기에 남아 엄마 맘대로 밀치고 들어서지를 못하는 벽의 문.

그 문 앞에서 엄마 눈물 한 방울, 한 방울에 매달려

떨어지는 그리움이 딸내미를 아프게 하는 것 같아서

떨어뜨리지 않으려 해도 그럴수록 더 떨어진단다.

눈물 속에 다 담긴 모습을 떨어지게 해서 정말 미안해, 딸아.

수족 냉증은 여전할까.

엄마는 딸내미가 신었던 수면 양말을 회사에 가져가

몇 해째 사시사철 곁에 놓고 있구나.

그러지 말라고? 그냥 엄마 마음이 그렇지가 않아서…….

멋쟁이가 더 멋스럽게 자랐지. 몰라볼 정도로 말이야.

그렇지만 아빠, 언니, 엄마는 금방 알지.

언니가 마음속 곱게 싸놓았던 말을 꺼냈지.

멋쟁이 동생을 뭐라 표현을 했을까 궁금하지?

손재주가 있어서 화장을 잘한대.

언니는 손재주가 없어서 화장을 못했다네.

헤실헤실하는 모습 가득 담긴 우리만의 천고불후 그림이

눈앞에 보인다만 사랑하는 딸내미가 "엄마." 하고 부르는 소리는

들리지 않아서 한쪽 귀는 귀머거리 신세.

들어도 싫지 않고 헤지지 않는, 딸내미와 결속시키는

'엄마'라는 말이 더 이상 생생하게 들리지 않아.

비상 발전기처럼 귓바퀴를 끊임없이 돌리면

귓가에 대고 부르는 소리처럼 간질간질 살갑게 퍼질 것 같은데…….

마음은 오만 가지를 해보고 있단다.

항상 함께 있으니 외롭지 말아 다오.

언제까지나 우리 가족은 넷이라고 아빠가 말했어.

내 사랑 딸을 무섭고 고통스러운 길로 보낸 후

어찌 잊을 수 있을까.

회한의 시간을 풀어헤치고 있으나

보고 싶어 미칠 것 같은 심정인데,

아른거려서 가슴이 터져 버릴 것 같은데,

금방 달려가지 못하는 엄마가 미안해.

엄마의 분신, 작은 딸내미, 내 어린 딸아!

세상이 아무리 변해도 언젠가 우리 만나는 날이 오고야 말지.

우리 예쁜 딸이 항상 옆에서 초로하는

아빠, 엄마 모습 보고 있으니

나중에 만나면 서로 한 번에 알아보기로, 응? 알겠지?

그리고 힘든 길 동행하지 못해서 미안해. 정말 미안해.

만나서는 다시는 헤어지지 않도록 철석같이

손 꽉 잡고 다니자꾸나.

예쁜 딸아! 언젠가 엄마랑 거실에서 나누던 이야기처럼,

그곳에서는 손 모델을 겸하는 화장품 모델로,

미용 연구를 열심히 하는 아름다운 천사로 자리매김하고 있겠지.

장하다! 이혜경.

매일매일 사진 속 예쁜 딸을 손으로 어루만질 때,

엄마 피부에 닿는 감촉은

생전에 느낀 대로 고스란히 스며들 듯,

죄 많은 엄마가 만지는 손길도 사진 속으로 파고들어.

아! 아침마다 살며시 다가온 너를 감촉하며

느낀다고 생각하는데, 맞지요, 딸아?

오늘도 변함없이 살짝 미소 지어 주네. 'I ♡ YOU' 하며.

엄마도 'I ♡ YOU' 딸.

오매불망 내 사랑 딸 책상에서 마주한 죄 많은 엄마가 보냅니다.
답장은 꼭, 꿈속에서 "엄마." 하며 안겨 주고,
"사랑해, 딸." 하며 "얼마나 보고 싶었는지 아니?" 화답을 주고받는
답장이면 좋겠다.
잘 있어, 예쁜 내 사랑. 가슴 저미는 딸아.
수학여행을 너무 먼 곳으로 가버린
단원고등학교 2학년 2반 이혜경.
꿈의 날개를 마음껏 펼쳐 보이는 아름다운 세상에서
사랑의 갈채를 받는 엄마 딸입니다.

엄마가 보고 싶은 딸의 향기가 묻어나는 아기자기 글씨체를
한 자, 한 자 써봤는데 조금 실망했지요?
그래도 최대한 해보려고 노력한 흔적은 보일 거야.

2018년 2월 8일 목요일, 지금은 새벽 1시 37분입니다.

이홍승

우리 아들 홍승아 세월호 승선하기 전
엄마하구 잤는데 아침에 일어나서
얼굴에 뽀뽀하니 너가 그랬지
(안돼 개기름 쩔어) 했던 너 목소리
마지막일줄 누가 알았겠니
가슴이 허길것만 같아
엄마아들 이홍승 홍승아 ˝ ˝ ˝
친구들과 선생님이랑 잘지네지 !
이젠 더이상 아프지 말구

사랑하는 아들 홍승아.

네가 우리 곁을 떠난 지 벌써 4년이 다 되어 가네.
그런데 엄마는 우리 홍승이가 매일매일 집에 있는 것만 같고,
아직도 아들이 엄마 곁에 있는 것만 같아.
너무 보고 싶고 안고 싶고 만지고 싶어 미칠 것만 같아.
하교하고 미용 학원 가서 10시 넘어 집에 와서,
"엄마 배고파. 밥 줘." 하던 말이 아직도 귀에 생생하다.
동생하고 달리 엄마가 "뽀뽀해 줘." 하면 거리낌 없이
입술을 대주곤 했고 안아 달라고 하면 바로 안아 주고
뭐든 해달라고 하면 거절 안 했던 네가 너무 그립다.
네 또래 애들이 지나가면 네 생각, 미용 숍만 지나가도 네 생각,
군복 입은 군인을 봐도 네 생각, 하루도 네 생각 안 해본 적 없어.
우리 아들 홍승아, 세월호 승선하기 전날 엄마하고 잤는데
아침에 일어나서 얼굴에 뽀뽀하니 네가 그랬지.
"안 돼. 개기름 쩔어."
그 목소리가 마지막일 줄 누가 알았겠니.
가슴이 터질 것만 같아.
엄마 아들 이홍승, 홍승아……
친구들과 선생님이랑 잘 지내지? 이젠 더 이상 아프지 말고.
엄마는 우리 홍승이가, 엄마 눈에는 안 보이지만
거기서 더 밝고 더 행복하게 살고 있다고 생각할게.
아들 생일날 꼭 와서 밥 먹고 가. 가끔씩 엄마 꿈에도 나와 주고.
훗날 우리 꼭 만나자.
사랑한다, 멋진 아들 홍승아.

이홍승 엄마 윤홍금.

임경빈

벚꽃피는 봄을 보내며
때론 아무죄도 없는 벚꽃은 원망도 했었
다시 벚꽃피는 봄이 다가오네.
그러지 못한다는 것을 알면서도
다시 벚꽃나무 밑에서 너와함께할수 있는
시간을 그리워하게 된다.

to 경빈.

보고 싶다. 임
보고 싶다. 경
보고 싶다. 빈

때론 꿈속에서 얼굴도 안 보여 주고 아쉬움만 남겨 주고,
조금만 더 잤으면 얼굴 볼 수 있었을까 아쉬워하고,
'잠 못 들어, 볼 수 없는 것일까.'
잠 못 드는 밤을 후회하며 보내는 일이 다반사네.
어떤 말로도 널 대신할 수 없는데,
어떤 말로도 널 표현할 수 없는데,
그냥 너만 있으면 되는데…….

여자 친구가 있는 친구들,
면허증 따러 가는 친구들,
군대에 가는 친구들.
곳곳에 네가 보이고,
그저 너만 보고 있으면 되는 것을…….

벚꽃 피는 봄을 보내며
때론 아무 죄도 없는 벚꽃을 원망도 했었지.
다시 벚꽃 피는 봄이 다가오네.
그러지 못한다는 것을 알면서도
다시 벚꽃 나무 밑에서 너와 함께할 수 있는 시간을
그리워하게 된다.

텅 빈 가슴으로 그리움만 안고 살아가고 있지만,
바람으로
때론 햇살로
그리고 너의 느낌, 너의 향기, 너의 온기로
늘 곁에 있다는 것을 느끼게 해줘서 고마워.

꿈속에서라도 보고 싶으면
물고기로
바람으로
파랑새로
언제든 보자꾸나.

사랑한다, 경빈아.

봄이 다가오는 길목에서, 널 사랑하는 엄마가.

임세희

릴때 너무 잘 울어서 울보라는 별명을 지어
아버지를 다음에 가서는 "저 울보 아니예요" 하
당하게 말하던 딸. 말 배울때 가방을 빼
고 했던일. 한글자 한글자는 레는데 단어는
티던 상황. 한참은 웃없지. 자기는 그런적이 옵
l이집 재롱잔치에 발레를 하다가 울어버려서
에 있던 친구도 같이 울린일. 아기나라 선심
한 만남. 세희를 잊쳐 본적이 없단다.
선생님 부임에 첫번째 아가가 세희여서

오늘도 하늘을 보면서 세희에게 아침 인사를 한다.

"잘 다녀올게. 오늘 하루도 잘 지내."

퇴근하면서 하늘을 본다.

"세희야, 오늘 하루도 잘 놀았어?" 하면서 하루의 일과를 나눈다.

보고 싶어도 보지 못하고, 불러도 대답이 없다.

누군가가 스물두 살이란다. 울 세희도 그럴 텐데.

친구들과 통화하며 깔깔대고 웃던 세희(문틈 사이로 새 나온 소리),

엄마, 아빠를 먼저 챙겨 주던 배려심 깊은 세희.

어릴 때 너무 잘 울어 울보라는 별명을 지어 준 할아버지에게,

다음에 가서는 "저 울보 아니에요." 하면서 당당하게 말하던 딸.

말 배울 때 '가방'을 '바강'이라고 했던 일.

한 글자, 한 글자는 떼는데, 단어는 안 되던 상황.

한참을 웃었지. 자기는 그런 적이 없단다.

어린이집 재롱 잔치에 발레를 하다가 울어 버려서

옆에 있던 친구도 같이 울던 일.

우연히 만난 아기나라 선생님도 세희를 잊어 본 적이 없단다.

첫 부임에 첫 번째 아이가 세희여서 지금도 그때 기억이 생생하단다.

잘 있냐는 물음에 나는 말을 잇지 못했다.

초등학교 입학 때 자기보다 큰 가방을 메고 학교 가는데

그 뒷모습이 어찌나 애잔하던지.

학교 갈 때마다 창문 너머로 잘 가고 있는지 눈을 못 떼던 그때가

그립고, 하교할 때쯤 창문을 열고 보면 오는 모습이 기특해서

이름을 부르면 좋아서 뛰어오던 모습이······.

잠잘 때면 세희는 오른팔, 동생은 왼팔, 팔이 저려도 행복했던 잠자리.

자장면 한 그릇에도 동생을 챙길 줄 알았던 세희.

학교 선생님 면담을 가면 배려심도 깊고, 바른 생활에

예의 바른 세희라고 칭찬해 주신 선생님의 말씀.

조금은 삐뚤어졌어도 좋았으련만…….

초등학교 6학년 때 점핑 클레이 자격증을 준비해서

중학교 1학년 때 강사 자격증을 땄다고 좋아했던 세희.

학예회 연습을 하는데 어찌나 뻣뻣하던지,

엄마, 아빠 앞에서 잘하는지 봐달라는 세희.

엄마가 부엌에서 음식을 만들면 살포시 뒤에 와서

허그를 해주던 그때 그 느낌.

식사 후 커피는 세희의 일.

커피를 맛있게 타주던 그 모습이, 그 향이 그립다.

엄마의 화장품 성분을 꼼꼼히 챙겨 주던 그 손길.

엄마의 다리에 누워 있으면 너무 포근하고 좋다며

편안함을 느꼈던 세희(아빠 다리는 딱딱해서 싫다고).

잘한 게 있으면 칭찬해 주던 세희의 말, "잘했져요."

맛탕을 처음으로 해주면서 행복해하던 세희의 미소.

세희 생일 때 엄마 카드로 친구들과 피자랑 치킨이랑 먹고,

노래방에서 신나게 잘 놀았다고 쉰 목소리로 재잘대던 소리.

연말에 가족끼리 노래방 가면 동생과 마이크를 놓지 않고

쉼 없이 노래 부르던 세희.

주말이면 가끔 공원에서 배드민턴을 치고

땀 흘리며 즐거워했던 그때.

고등학교 가면 체력이 좋아야 한다면서

엄마랑 요가를 시작했던 세희.

행복했어, 세희야.

딸과 같이 요가 한다고 사람들이 부러워했지.

세희와 단둘이 카페 데이트.

세희는 학원, 엄마는 잔업 땡땡이치면서

쇼핑을 즐겼던 동명[상가].

겨울이면 옥상의 눈을 모아 미끄럼틀을 만들어 놓던 시간.

아빠가 사준 망원경으로 달을 보며 신기해하던 모습.

옥상은 우리 차지였지.

벚꽃을, 비를 보면서 라면에 삼겹살을 먹었지.

11월 쌀쌀한 날씨에 옥상에서 먹은 라면은 환상이었지.

친구들이 초대 좀 해달라고 했는데 한 번을 초대 안 했다고 했지.

친구들이 많이 부러워했다고 했다.

우리 이제부터 즐기며 살자고 첫 가족 여행을 갔던 일본.

여권에 여행한 곳을 가득 채우고 싶다던 세희.

일본에서 비 맞으며, 눈 맞으며 노천탕을 즐겼는데

노천탕에서 보는 하늘은 환상이었고,

보는 세계가 우리나라와는 많이 비교된다고 했지.

다음에 우리 또 여행 가자고 약속했는데,

꼭 가자고 다음 여행지도 정해 놓았는데,

보라카이, 아직은 가지 못하고 있다.

약속을 지킬 수가 없다, 지금은.

세희의 손톱, 발톱은 엄마가 항상 깎아 주었는데.

엄마, 아빠의 손 예뻐지라며 네일 아트도 가끔씩 해주었던 세희야.

세희의 스물두 살은 어떨까? 친구들의 모습에서 상상해 본다.

미안해, 지켜 주지 못해서.

사랑하는 세희야! 잘 있지? 보고 싶다.

엄마가 항상 기도한단다.

선생님과 친구들과 그곳에서 행복하기만을,

아프고 힘들었던 기억은 지워지기를,

언젠가 우리 가족이 함께 만날 날을,

그래서 다시는 헤어지지 않기를,

엄마는 항상 기도한단다, 간절히.

이쁘고 사랑스러운 세희야, 우리 조금만 참자.

세희가 엄마 곁에 있다는 생각이 들어서 조금은 위로가 되고 있어.

엄마 지금은 많이 울지 않으니까, 걱정하지 말고.

사랑하는 세희야, 잘 자라. 내일 또 만나자.

사랑해. 보고 싶다.

임요한

그러던 어느날   이세상에는
없는 하늘나라로   가버린 너를
생각 할 때 마다 눈물만 나온다
어쩌면 되나 환상으로는 너를
보나 실제로는 너와 기뻐하며
살 수 없는 너의 모습을 볼 수
없어서 눈물만 나온 탄다
    너희들은 이 세상의 부정 부패
때문에 희생이 되었다고 기도
하는 데 하나님께서 말씀 하시더구나

사랑하는 요한아!

여전히 엄마는 바쁜 삶을 살고 있어.
너는 항상 예쁘고 멋있고 효도 잘하며 눈치가 너무나도 빠르고
예리하기까지 해서 상황 판단도 잘하고 민첩하게 행동했고
엄마를 위해, 하나님 다음으로, 거의 모든 걸 행동으로 도와주었지.
아마도 엄마는 네가 없었으면 이 세상에서 살 수도 없었을 거야.
늘 엄마가 힘들까 봐 위로하고 기도해 주면서 힘이 되어 주었지.
하나님께 아침 금식 기도를 70일 정도 하면서 너를 갖게 되었고,
목사님을 만들겠다고 아들을 달라 기도하며 서원을 했지.
병원에서 아들이래서 좋았고, 태어났을 때도 아들이라 기뻤고,
자라는 동안에도 너는 항상 밝았고 은혜로웠고 기분을 좋게 했었지.
보기만 해도 기쁨이 넘쳤지.
너는 알고 있었는지는 몰라도, 너로 인해 삶은 힘들었을지라도,
동생도 마찬가지로 늘 보기만 해도 은혜롭고 감사했지.
두 자녀를 보면 조금도 힘이 들지 않고,
오히려 마음속 기쁨이 쏟아져 얼마나 기쁘고 감사했는데…….
너무나도 힘든 삶과는 조금도 비교할 수 없이,
마음속 깊이, 삶을 살아가는 것이 너무나 행복하고 좋았단다.
그러던 어느 날, 이 세상에는 없는, 하늘나라로 가버린 너를
생각할 때마다 눈물만 나온단다. 어떡하면 되나.
환상으로는 너를 보나 실제로는 너의 모습을 볼 수 없어서,
너와 기뻐하면서 살 수 없어서 눈물만 나온단다.
너희는 이 세상의 부정부패 때문에 희생되었다고 기도하는데,
하나님께서 말씀하시더구나.
너희는 이 세상의 썩어 가는 것을 우리에게 알리는 희생이었고,
또한 진상 규명을 반드시 해서 다시는 이런 부정부패로

너희 같은 희생자가 이 땅에 있으면 안 되기 때문이란다.

지금 살고 있는 남은 자들이 밝고 희망이 넘치는 안전한 나라,
부정부패 없이 다 같이 잘 사는 믿음의 복된 나라에 살게 하기 위한
고귀한 희생이었음을, 진정으로 깨어 있는 분들은 알고 있단다.
더욱 많은 사람들이 깨어나서 이 세상을 바로 보는 그날이
속히 오기를 기도하면서 지내고 있어.

그리고 너희가 함께 살았던 화랑유원지 근방에
4·16안전공원 부지를 확정받아 너희와 우리가 함께하는
공간이 되기를 간절히 바라며 많은 사람들이 애썼는데
정부에서 얼마 전 부지를 발표했단다.

너희의 억울한 죽음을 조금이나마 위로하고,
우리 모두 이런 참사를 깊이 생각하며 기억하고,
다시는 이런 참사를 막기 위해서라도
4·16안전공원이 많은 사람이 찾아오는
명소가 되기를 바라고 있어.

모두가 하나가 되어, 왜 침몰했는지,
왜 정부는 제대로 구조를 안 했는지를 명명백백하게
진상 규명을 해야만 제대로 숨을 쉴 수 있을 것 같아.

그리고 4·16 재단 설립과 선체 직립, 선체 조사 제2기 특조위가
제대로 활동해 진상을 규명하는 것, 그리고 너희 생명의 가치가
얼마나 소중했는지도 앞으로 밝혀져야 한단다.

너희 원한을 다 풀고 너희가 편안하게 잘 지내기를 기도할게.
나중에 천국에서 서로 기쁨으로 만나길.
요한아, 사랑해.

엄마가.

장주이

랑하고 보고숖은 내 딸 주이야
 딸 주이야 너를 보낸지 벌써
년이라는 시간이 흐르고 있구나 섬마는
직도 너를 볼수없다는게 만질수 없어
겨지지가 않는구나 아직도 밤마다
을 열고 학교 다녀 왔습니다 하면서
하게 웃으면서 들어 올것만 같구나
상조차 할수 없었던 일로 아무런 준비없
를 갑작스럽게 보내고 나서 들이켜 보

사랑하고 보고 싶은 내 딸 주이야.

너를 보낸 지 벌써 4년이라는 시간이 흐르고 있구나.
엄마는 아직도 너를 볼 수 없다는 게,
만질 수 없다는 게 믿기지가 않는구나.
아직도 밤마다 문을 열고 "학교 다녀왔습니다." 하면서
환하게 웃으면서 들어올 것만 같구나.
상상조차 할 수 없었던 일로, 아무런 준비 없이
너를 갑작스럽게 보내고 나서 돌이켜 보니,
먹고살기 바쁘다는 이유로 너와 함께한 시간들이 없어
가슴이 더욱 아프구나.
같이하고 싶은 것도, 해주고 싶은 것도 너무너무 많은데,
이제는 함께할 수 없다는 게 너무 힘들고 가슴이 아파.
같이 재미있는 스티커 사진도 찍고, 모녀 여행도 가고,
우리 딸 남자 친구도 보고, 결혼하는 것도 보고,
우리 딸이 낳은 예쁜 아들딸도 키워 주고 싶은데.
비가 오면 우산 챙기라고, 눈이 오면 미끄럼 주의하고,
늦으면 어두우니 밤길 조심해 오라고
항상 문자 보내던 자상한 내 딸.
엄마가 해주는 음식이면 무조건 다 맛있다고
엄지손가락 들어 최고라고 해주던 내 딸.
그리고 상대를 먼저 배려할 줄 아는 사랑스러운 내 딸 주이야.
엄마, 아빠, 오빠는 건강하고 행복하게 잘 지내고 있어.
우리 딸도 입시 스트레스 없는 하늘나라에서
친구들과 잘 지내고 있어.
먼 훗날 다시 만날 때까지…….
주이야 사랑해, 사랑해, 사랑해.

장진용

진용아

아빠랑. 엄마. 누나. 여행 다녀왔다.

아들이 대학생이 되면 함께 갈려고 했던 미국여행...

아들 사진들고. 많은곳을 보여줄려고 이곳 저곳 많이 다녔지

자이언캐년. 그랜드캐년. 브라이스캐년 샌프란시스코. 라스베가스.

우리 아들도. 열심히. 가족들과. 행복 했을꺼라 믿는다.

늘 함께 라고. 생각 하자.

아들. 엄마 아들로 태어나줘서 고맙고. 사랑해

엄마 곁에 있을때. 사랑한다는 말. 자주 해줄걸

4년이 지났는데도. 엄마는. 너. 수학여행 가기전밤에

멈추어져 있다. 조심하라고. 엄마의 당부에. 웃음을 짓어

너무나 불러 보고 싶은 아들 진용아.

아직도 엄마 곁에 있는 것 같구나.
네가 없는 우리 가족은 많은 변화가 있었다.
엄마는 다니던 직장도 그만두고, 밤마다 잠을 못 이루어
우울증 약과 신경안정제를 복용하면서
널 떠나보낸 걸 인정하려고 노력한단다.
아빠 역시 하시던 사업도 그만두고
엄마와 누나 곁을 지키고 있다.
행복했던 우리 가정이 엄청난 일을 겪고 나니,
주변의 시선과 아픔은 이루 말할 수 없구나.
사랑하는 아들 진용아.
너무 보고 싶고, 만지고 싶구나.
용이 친구들은 군대에 많이 가고,
요즘 안부 묻는 친구들이 뜸해졌네.
아들 생일 때 용이 친한 친구들 스무 명 정도 불러서
엄마가 삼겹살 사주었다.
큰절 올리는 네 친구들을 볼 때,
우리 아들도 대학생이 된 모습을 상상했다.
멋진 남자가 되겠다고 엄마와 약속했었지.
꼭 그곳에서 엄마와의 약속 지켜 주길 바란다.
진용아, 아빠랑 엄마, 누나 여행 다녀왔다.
아들이 대학생이 되면 함께 가려고 했던 미국 여행…….
아들 사진 들고 많은 곳을 보여 주려고 이곳저곳 많이 다녔지.
자이언캐니언, 그랜드캐니언, 브라이스캐니언,
샌프란시스코, 라스베이거스, LA 등.
우리 아들도 열심히 가족들과 행복했을 거라 믿는다.

늘 함께라고 생각하자.

아들, 엄마 아들로 태어나 줘서 고맙고 사랑해.

엄마 곁에 있을 때 사랑한다는 말 자주 해줄걸.

4년이 지났는데도 엄마는

네가 수학여행 가기 전날에 멈추어 있다.

조심하라는 엄마의 당부에 웃음을 지어 보이는 우리 아들…….

되돌릴 수 없는 현실이 무섭구나.

아들아.

아빠는 작년부터 골프를 시작했다. 재미있어 하는 것 같아.

엄마도 했는데 재미없어서 요즘 쉬고 있다.

주위 친구들과 어울려서 살아가려고 노력 중이다.

우리 아들도 씩씩하게 잘 지내고 있어야 한다.

누나는 대학 졸업반이라 무지 바쁘다.

누나 남친[남자 친구]도 생겼다.

키도 크고 잘생겼더라. 우리 아들만 못하지만…….

멀리 있지만 쌍둥이 같은 누나, 잘 지켜 줘.

아빠가 엄마 힘들다고 네 얘기 많이 못 하게 한다.

너무 많이 울고 마음 아파하니까.

이겨 내려고 해도 잘 안 되네…….

용아, 엄마 이제 잘래.

꿈에 자주 놀러 와. 안아 보고 만져 보게.

엄마 작은 소원이다. 꼭 들어줘.

애교 많은 우리 용용이 안녕…….

2018년 2월 4일,
사랑하는 엄마가.

장혜원

사랑하는 딸 혜원아.

엄마는 인생에서 가장 힘들었던 중에 혜원이를 내 품에서 떠내보내야 했던 일이야.

혜원아 하늘 나라에서 잘지내지 ...

엄마 젓고 싶지 않니.

엄마는 언제나 너 생각만 하고 살고 있다. 하늘 나라에서도 가족 걱정하는 사랑하는 딸 혜원아.

엄마는 인생에서 가장 힘들었던 일이
혜원이를 내 품에서 떠나보내야만 했던 일이야.
혜원아, 하늘나라에서 잘 지내지?
엄마 보고 싶지 않니?
엄마는 언제나 네 생각만 하고 살고 있다.
하늘나라에서도 가족 걱정하는 너의 모습이 보인다.
걱정하지 말고.
가족들은 너의 몫까지 열심히 살고 있어.
여기는 아직 추운 겨울이지만 조금 있으면 봄이 온다.
벚꽃이 필 때 내 품에서 혜원이가 간 지
벌써 4주기가 되는구나.
참 빠르다.
혜원이에게 참 미안하다.
그 말밖에 할 수 없어.
언젠가 너를 만날 날을 기다리며,
혜원이는 하늘나라에서 잘 지내고,
엄마는 감사하면서 열심히 살게.

너를 그리워하는 엄마가.

전찬호

찬호의 모습이 .... 찬호와 함께했던 모든 추억이
엄마는 아직 너무도 생생하게 기억이 나는구나

그렇게 초등학교, 중학교를 졸업하고 18살 고등학생이
되어서도 잠잘때면 엄마 옷 속에 손을 넣고 뱃살을
만지며 엄마 냄새가 엄마 뱃살에서 난다고. 엄마
너무 좋다며 엄마 옆에서 잠들던 우리집 막내 찬호였는
요즘도 엄마는 찬호의 행복히 하던 웃는 얼굴과 엄마 배
만지던 찬호의 손길과 찬호의 냄새가 너무도 그리운데
찬호가 엄마곁에 없음에 너무도 보고싶고 그리움에
마음이 아프단다.

사랑하고 보고 싶은 아들 찬호에게.

엄마는 건강하게 태어날 찬호를 만나기 위해 배를 쓰다듬으며
배 속의 찬호에게 다정한 엄마 목소리를 들려주며
자장가도 불러 주고 말을 건네곤 했단다.
혹여나 잘못될까 노심초사하며, 배 속의 찬호를 위해 나쁜 것은
보지도 않고, 나쁜 말은 들으려 하지도 않으며, 감기에 걸려도
약 한 번 먹지 않고 배 속의 찬호와 사랑으로 교감하며 지냈었고,
그렇게 함께한 열 달이 지나 찬호를 세상 밖에서 만나던
1997년 7월 25일 건강한 찬호의 울음소리.
엄마와 아빠, 형아 그렇게 우리 가족은 그날의 행복을
지금도 잊을 수가 없단다.

초롱초롱한 맑은 눈동자로 눈을 맞추고, 배내 웃음을 보이던 모습,
옹알이를 하며 뒤집기를 하고 배밀이를 하며 기어 다니던 모습,
엉덩방아를 몇 번이나 찧으며 서서 아장아장 걷던 모습,
이 세상에 태어나서 엄마라는 말을 가장 먼저 배우고,
처음으로 엄마를 불러 주던 모습,
애교도 부리고 사랑스러운 떼도 쓰고,
놀이방에 다니며 친구도 사귀고, 엄마 앞에서 장기자랑도 하며,
초등학교 들어간다고 작은 몸집에 가방을 메고
형아에게 이젠 찬호도 애기 아니고 형아라고 하며
"학교 다녀오겠습니다." 인사를 하며 집을 나서던 찬호의 모습이……
찬호와 함께했던 모든 추억이 엄마는 아직 너무도
생생하게 기억이 나는구나.

그렇게 초등학교, 중학교를 졸업하고
열여덟 살 고등학생이 되어서도
잠잘 때면 엄마 옷 속에 손을 넣고 뱃살을 만지며
엄마 냄새가 엄마 뱃살에서 난다고, 엄마 냄새가 너무 좋다며
엄마 옆에서 잠들던 우리 집 막내 찬호였는데…….
요즘도 엄마는 찬호의 행복해하던 웃는 얼굴과
엄마 배를 만지던 찬호의 손길과 찬호의 냄새가 그리운데…….
찬호가 엄마 곁에 없음에 너무도 보고 싶고
그리움에 마음이 아프단다.

지금도 찬호 방은 2014년 4월 15일 찬호가 수학여행을 떠나던
그날처럼 찬호의 침대와 책상, 찬호가 만지고 사용하던 물건들,
옷장의 옷들도 그대로인데 찬호의 방에서 이젠 찬호의 냄새와
온기가 사라져 가고 있는 것이……
찬호 방에 모든 것이 그대로인데 사랑스러운 아들 찬호가
방에 없다는 것을 인정하고 받아들이기가……
아직도 엄마는 많이 힘들구나.

찬호가 엄마 곁을 떠나고, 찬호가 생전에 기르고 싶어 하던
예쁜 강아지를 가족으로 맞이했어.
지난번에 엄마가 찬호 만나서 얘기했잖아!
이름이 구름이야. 찬호가 보기 좋아했던 구름.
엄마는 가끔 우리 집 작은오빠 찬호 얘기를 들려주곤 해.
구름이가 애교도 부리고, 안아 달라고 떼도 쓰고, 보채고,
잠잘 때도, 놀 때도 엄마 곁에 붙어 있으려고만 한다.
이젠 구름이가 예전의 찬호처럼 엄마 껌딱지가 되어 있어.
엄마는 구름이를 찬호가 엄마 곁으로 보내 준 것이 아닌가 하는

생각을 가끔씩 하곤 해…….

형아도 잘 있고 찬호 몫까지 엄마, 아빠에게 효도하고,
걱정 끼치지 않으려 노력하고, 엄마를 애기 취급까지 하며
살갑게 챙겨 주고 있어. 회사 생활도 잘하고 있고…….
아빠도 찬호를 많이 보고 싶어 하셔. 강한 척하시지만
가끔 얼굴에서 힘든 모습이 보이곤 하거든.
요즘도 매일 찬호를 위해서 추모공원을 만들어야 한다며,
그곳을 영원히 잊히지 않고 사라지지 않을 안전 교육 공간으로
만들겠다며, 아직도 할 일이 많다며 노력하고 계셔.
찬호야, 아빠는 반드시 그렇게 하실 거야.
엄마랑 찬호랑 약속하신 거잖아.

엄마 아들 찬호야.
엄마는 찬호가 엄마 아들로 태어나 줘서 너무도 고맙고 감사해.
찬호와 함께했던 18년 동안 엄마는 너무도 행복했어.
엄마가 찬호를 끝까지 지켜 주지 못해서 너무도 미안해.
언제나 그랬듯이 영원히 엄마 마음속엔
사랑스러운 찬호가 함께하고 있다고 믿고 있고,
지금도 엄마는 엄마의 눈과 귀, 마음을 통해, 엄마의 삶을 통해
찬호와 영원히 함께 살아가고 있다고 생각해.
그래도 가끔씩 엄마가 힘들고 찬호가 보고 싶을 때마다
찬호에게 엄마 마음의 편지를 보낼게.
찬호도 엄마가 보고 싶을 때면 언제든지 엄마 꿈속에 찾아와.
엄마는 언제나 그랬듯이 따뜻하게 꼬옥 안아 줄게.

보고 싶고 사랑하는 아들 찬호에게, 엄마가.

"찬호의 엄마 냄새"

엄마! 나 여기 있었지?
다 큰 아가가 엄마 곁에서
스을쩍 엄마 배를 만진다.
그럼! 아가도, 형아도
여기 엄마 배 속에 있었지.
고등학교 2학년인 아가는
다 알고 있으면서 능청스럽게
엄마에게 말을 건네며
엄마 배를 만진다.

야아 엄마 뱃살이다.
젖막내 아가는 애기 짓을 하며
엄마 옷 속으로 손을 넣고
엄마 뱃살을 만진다.
아가는 손을 넣어
엄마 뱃살을 만지며
형아와 아빠가 볼 수 없도록
다른 한 손으로
엄마 옷을 내린다.
엄마! 이거 내 거야.
엄마! 이거 내 거지?
엄마! 엄마 냄새가 어디서 나는지 알아?
행복한 미소로 엄마는 아가를 바라보며
아가의 이야기를 받아 준다.
어디서 나는데?

아가는 엄마의 뱃살을 만지작거리며
이 세상 가장 행복한
미소를 지으며 말한다.

여기! 엄마 뱃살.
엄마 뱃살에서 엄마 냄새가 나요.
엄마 냄새 너무 좋다.
고등학교 2학년, 열여덟 살.
우리 집 아가 찬호는 그렇게
엄마 뱃살을 만지며
엄마 냄새를 맡으며
매일매일 행복하게 하루하루를 살았었다.

찬호가 이 세상에서 제일 좋아하던 엄마 냄새.

엄마가 찬호에게 보낸 편지글을 보며,
사랑하는 아들 찬호에게, 아빠가.

전현우

현우야.

지금이 이 편지를 쓰고있는날이
생일날이다. 마음이 더 쌀쌀ㅎ
가슴이 아프다.

더 많이 보고 싶다.

하루도 머리속에서 지금은 목마중을
하고 생각이 떠나질 않는다.

가끔은 꿈에서라도 잘지내고

나의 기둥 현우에게.

보고 싶고 그리운 현우야.

하고 싶은 말은 너무너무 많은데,

이렇게 쓰려고 하니 손이 떨리고 가슴이 떨린다.

지금은 어떤 모습으로 변해 있을지 궁금하다.

대학도 다니고 군대도 가는 모습을 생각해 보곤 한다.

'지금쯤이면 얼굴에 여드름은 없어졌을까.' 하는 생각도 든다.

가끔 동생 혜진이가 오빠 생각이 나는지

네가 좋아하는 과일이나 반찬을 보면 말을 하곤 한다.

언제나 잘 챙겨 주고 먼저 생각해 주는 좋은 오빠라고도 말을 한다.

엄마한테는 착하고 항상 엄마 먼저 챙겨 주는 아들이다.

현우야.

너의 이름을 부르고 생각해 보니

엄마가 너에게 해준 것들이 너무 없는데

받은 것이 너무 많은 것 같다.

이제는 잘해 줄 수 있을 것 같은데

그렇게 할 수가 없는 현실에 가슴이 아프다.

지금은 친구들하고 무슨 게임들을 하면서 지내고 있는지 궁금하다.

지금도 밤늦게까지 게임을 하고 있는 네 모습들이 보인다.

왜 그리 잔소리를 했는지 후회가 된다.

현우야.

지금 이 편지를 쓰고 있는 날이 너의 생일날이다.

마음이 더 쓸쓸하고 가슴이 아프다.

더 많이 보고 싶다.

하루 내내 머릿속에서 '지금은 무엇을 하고 있을까.' 하는 생각이

떠나질 않는다.

가끔은 꿈에서라도 잘 지내고 있다고 말도 해주고
얼굴도 보러 와주었으면 좋겠다.
살면서 안아 주질 못한 것이 후회가 많이 된다.
앞으로 현우 엄마로 살면서 부끄럽지 않게 노력할게.
현우야.
동생 혜진이도 잘 지켜봐 주었으면 좋겠다.
안아 줄 수는 없지만 항상 같이 있다는 생각을 하고,
앞으로도 현우 엄마다.
엄마 아들이어서 고맙다.
너무너무 그립고 보고 싶다.
현우야, 전현우야.
사랑해.

엄마가.

정다빈

"엄마 나 빈싫어도 기다리고 있어 하면서 ,,

처음가는 수학여행 이었는데

제주도 가면 초코렛 많이 사올께요

엄마 나 맛있는것 많이 먹고다라

추억도 많이 만들고 재미있게 보내고 다라 했는데

남들은 수학여행도 잘들 갔다오는데

우딸은 처음가는 수학여행이라 너무긴것 같아

다빈아

우리딸 이름만 불러도 가슴이 너무 아프다

용기가 있어서 지켜주지도 못하고 너무 미안하구나

나의 사랑하는 딸.

세월은 흘러 벌써 4년이라는 시간이 다가오고 있구나.
엄마는 아직도 그날의 시간에 멈춰 있는데,
환하게 웃으며 캐리어를 밀고 가는 너의 모습이
아직도 엄마의 눈에 선하게 보이는구나.
"엄마, 나 보고 싶어도 기다리고 있어." 하면서.
처음 가는 수학여행이었는데,
"제주도 가면 초콜릿 많이 사올게요."
"딸이나 맛있는 것 많이 먹고 와라.
추억도 많이 만들고 재미있게 보내고 와라." 했는데.
남들은 수학여행도 잘들 갔다 오는데,
울 딸은 처음 가는 수학여행이라 너무 긴 것 같아.
다빈아.
우리 딸 이름만 불러도 가슴이 너무 아프다.
용기가 없어서 지켜 주지도 못하고 너무 미안하구나.
엄마는 이 편지 쓰는 것도 딸한테 너무 미안해서
엄마의 마음을 어떻게 전할까 많이 망설이다 몇 자 적어 본다.
하루에도 수십 번씩 차오르는 분노를 감당하기 힘들구나.
딸아 높은 곳에서 우리 가족을 지켜보고 있지?
아빠, 엄마, 언니는 항상 널 그리워하고 있지.
우리 다빈이가 좋아했던 것,
그리고 늘 함께했던 추억을 생각해 본다.
가끔은 '우리 다빈이가 이것도 좋아했는데.' 하면서 말이야.
그런 모습을 생각하면 가슴이 터질 것 같아.
너무 그립고 많이 많이 보고 싶어서.
다빈아.

가끔은 꿈에서라도 보고 싶어, 아주 많이.

너는 늘 하루 일과를 조잘조잘 이야기도 잘해 주었는데.

엄마가 늦게 퇴근하면 밥도 잘해 놓고,

맛있는 유부 초밥도 잘 만들어 주는 착한 딸,

주일날은 라면도 맛있게 끓여 주는 속 깊은 딸이었는데.

너의 빈자리는 너무도 크구나.

성인이 되면 입버릇처럼 성씨도 개명하고,

읽고 싶은 책 마음껏 보고, 만들고 싶은 빵 실컷 만들고

할 일도 많은 울 딸.

손재주가 좋아서 종이접기 매듭도 많이 했었는데,

악기도 잘 다루고 너무 좋아했었는데,

네가 좋아하는 피아노, 기타는 그대로 주인을 기다리고 있단다.

특히 단소 부는 것은 세상에서 울 딸이 최고였어.

우리 가족한테는…….

친구들한테도 단소 부는 것 잘 가르쳐 주는 착한 딸이었지.

다빈아, 그곳에서 잘 지내고 있지?

그곳은 늘 따뜻하고 행복한 나날들이었으면 좋겠어.

너만 우리 곁에 있다면,

수학여행 가던 그날을 다시 되돌릴 수만 있다면,

엄마는 그날을 되돌리고 싶어.

우리에게 그 아픈 시간만 없었더라면,

이게 현실이 아닌 꿈이었으면…….

내 분신과도 같은 내 딸아.

떨어져 있다는 이 현실을 엄마는 받아들일 수가 없어.

엄마가 이생의 마지막 여행을 마치고 가는 그날까지,

딸아, 잘 있어라.

그때는 우리 만나서 그동안 못다 한 이야기 실컷 하자.

따뜻한 그곳에서 친구들과 잘 지내고 있으렴.
항상 건강하고 하고 싶은 것 마음껏 하고
항상 웃으면서 밝게 아름답게 잘 지내길.
엄마는 오늘도 간절한 마음으로 기도드린다.
사랑한다, 내 딸아.

엄마가.

정다혜

사랑하는 딸 다혜야

다혜 못 본지로 벌써 4년 되가오네
엄마는 엊그제 같은데
지금도 엄마하고 목욕 였고
들어 울지 같은데
인 딸 졸지네고 웠어
딸이 였어고 시간은 좀 흐르네
엄마는 다혜한테 정말로 미안해

사랑하는 딸 다혜야.

다혜 못 본 지도 벌써 4년 다가오네.

엄마는 엊그제 같은데,

지금도 "엄마." 하고 문을 열고 들어올 것 같은데.

우리 딸, 잘 지내고 있지?

딸이 없어도 시간은 잘 흐르네.

엄마는 다혜한테 정말로 미안해.

네가 없는데 똑같이 살아가는 엄마는 평생을 죄인으로 살아갈게.

때로는 모든 걸 포기하고 싶어.

삶의 의미는 이미 잃었으니 죽지 못해 사는 것이겠지.

하지만 딸, 언니가 있잖아. 다혜가 좋아하는 언니.

딸!

엄마는 언니 걱정 때문에 아무것도 할 수가 없을 것 같아.

다혜는 엄마, 언니 바보니까.

다혜야, 엄마, 언니 걱정은 너무 많이 하지 마.

다혜야, 아빠하고 친구들하고 재미있게 지내고 있어.

나중에 엄마가 다혜 보러 갈게.

다혜야, 많이 많이 사랑해.

정동수

위하며 마음을 다하고 있단다. 물론 이것이 전부라

생각하지는 않지만 해도해도 부족하기만 말이다

동수야 그래도 말이다 이 엄마아빠 말이다 끝까지

버틸것이고 (너희들의) 억울한 죽음을 끝까지

밝혀줄거란걸 약속한다

동수야

조금만 더 있다가 엄마아빠 만나서 충분히 맘껏

안아줄게 . 또 사랑해 줄게 그리고 우리그때

술한잔 먹자 아들이 함장 줄거지 엄마

아빠 고생했다고 아들아 보고싶다 사랑해

사랑하는 아들아.

오랜만에 펜을 드는구나.
요즘 엄마, 아빠는 너무 바쁜 하루하루를 지내고 있단다.
목포에 안산에, 전국을 돌아다니면서 지내고 있단다.
작년[2017년] 3월 30일에 세월호가 인양된 후부터
아빠는 목포서 상주하며 너를 기억하고 만져 주고 사랑하고 있고,
엄마는 바느질에 목공에, 심지어는 연극까지 하면서
너를 기억하고 얘기하고 사랑하면서 지내고 있단다.
동생 수빈이는 3년을 그림만 그리더니 백석대 시각디자인과에
진학하게 되었고 2월 7일에는 졸업식을 했단다.
엄마, 아빠는 아들 생각에 가슴이 너무 쓰리고 아려서
졸업식을 지켜보는 것이 힘들었지만
이것 또한 부모이기에 잘 견뎌 내었단다.
수빈이가 한 살, 한 살 나이를 먹을수록 너의 빈자리가 너무 크고,
그걸 느끼는 수빈이도 들키지 않으려고 더욱 무덤덤하게
때로는 과장되게 말하곤 하더구나.
동수야, 아들아.
아직도 엄마는 뭐가 뭔지를 모르겠다.
아들 방에 가면 금방이라도 "엄마." 하고 부를 것 같은데
막상 보면 빈방뿐이고,
밥을 할 때도 아들 좋아하는 것을 하고 보면 아들은 없고…….
사랑하는 아들아, 미안하고 또 미안하구나.
그런데 있잖아, 아들아. 그래도 네 아빠 말이야.
얼마나 열심히 치열하게 버티는 줄 아니?
울 아들 억울한 죽음을 밝혀 주기 위해 많이 노력하고
발로 뛰고 공부하며 마음을 다하고 있단다.

물론 이것이 전부라 생각하지는 않지만……

해도 해도 부족하지만 말이다.

동수야, 그래도 말이다. 이 엄마, 아빠 말이다.

끝까지 버틸 것이고,

너희의 억울한 죽음을 끝까지 밝혀 주리라는 걸 약속한다.

동수야, 조금만 더 있다가 만나서

엄마, 아빠가 충분히 맘껏 안아 줄게.

또 사랑해 줄게.

그리고 우리 그때 술 한잔 먹자. 아들이 한잔 줄 거지?

엄마, 아빠 고생했다고.

아들아, 보고 싶다. 사랑해.

정예진

그래서 이젠 억지로 애쓰지 않으려 해.
보고싶으면 울고, 맘껏 그리워 하거야.
그게 맞는거지?
이렇게 울면서도 엄마가 멈출수없는아
여기서 못이룬꿈을 넌 하늘꼭대에서
엄마는 이곳에서 너희가 내준 숙제 여심ㄷ
꼭 다시 만나자. 꼭.

사무치게 그리운 내 딸아.

"정예진!" 부르면
여전히 "왜?" 하며 방문을 열고 나올 것만 같은데,
녹을 대로 녹아 사라져 버린 엄마 심장처럼
네 방은 주인을 잃어 조용하기만 하구나.
아기일 적부터 열여덟 삶이 사진에는 고스란히 남아
엄마를 보며 해맑게 웃고 있는데, 넌 어딜 간 건지…….
인정하기 싫어 낮이면 '학교에 간 거야. 친구 만나러 간 거야.' 하고
최면을 걸어 보지만, 어떤 이유도 댈 수 없는 밤이면
어김없이 널 살리지 못한 죄책감에 무너진단다.
잘 있냐고 묻기도 죄스럽고 미안하지만,
잘 있지? 잘 있는 거지? 또, 또 묻는다. 그래야 하니까…….
작은 추억 하나라도 혹시나 잊을까 봐
엄마는 조바심이 나고 두려워진단다.
세상 사람들이 잊지 않겠다고 약속했지만,
그게 쉬운 게 아니라는 걸 잘 알아.
그래서 우리 딸을 더 기억해야 하고,
남들보다 특별한 인연인 우리만 아는 추억을
심장에 꼭꼭 새겨야 한다는 걸…….
지금 온 세계가 떠들썩한 평창 올림픽의 개최지를 발표하던 때
항상 밝은 중학생이었던 넌 대학생이 되면
그곳에서 즐길 수 있을 거라 들떠 있었고,
설이면 승부욕이 강했던 넌 윷놀이의 말판에 열을 올렸었지.
모든 날들이 그날 이후, 널 잃은 이후로는
새로울 것도 없고 오히려 슬픈 날이 돼버렸다.
이젠 스무 살이 된 의찬인 네 얘기를 부쩍 많이 해.

수능을 준비하면서 대학 실기를 보러 다니며

누나의 빈자리가 크게 다가왔나 봐.

학교가 결정되고 조촐하게 떠난 가족 여행지에서도,

특별한 걸 먹으면서도 누나 얘길 하며 널 그리워했단다.

우린 이렇게 혹시나 상처를 건드려 덧날까 봐 꽁꽁 숨긴 속마음을

아주 조금씩 내보이며 버티고 있어.

아빠는 의찬이 양복을 사 입히며, 엄마는 그 모습을 보며

스무 살이, 또 스물두 살이 되었을 널 상상했고……

상상밖에 할 수 없는 현실에 가슴이 무너진다.

너무나 보고 싶은 예진아, 잘 있는 거지?

슬퍼하는 엄마 모습 보면 네가 힘들어할까 봐 안간힘을 쓰는데,

그게 잘 안 돼. 그래서 이젠 억지로 애쓰지 않으려 해.

보고 싶으면 울고, 맘껏 그리워할 거야. 그게 맞는 거지?

이렇게 울면서도 엄마가 멈출 수 없는 이유, 알지?

여기서 못 이룬 꿈을 넌 하늘에서,

엄마는 이곳에서 너희가 내준 숙제 열심히 하다가

꼭 다시 만나자, 꼭.

사랑하고 보고 싶은 내 딸아.

한 번만 안아 봤으면…….

엄마 잊으면 안 돼. 알았지?

정말 많이 사랑한다.

2018년 2월 14일.

정원석

라는 생각으로 엄마는 오늘도 이렇게 이겨내고 있단다.
있으면 네 생일이 다가오는구나. 너의 생일이 지나면
마 뒤 네가 떠난 그 날도 다가와. 이맘때면 엄마는
신을 차릴 수가 없구나. 이 복잡하고 슬픈 엄마의
음을 그 누가 알 수 있을까. 네가 떠나기 전 마지막
ㄹ 함께 먹었던 그 음식을 엄마는 아직 먹질 못한단다
는 사람들은 그깟 음식이 무어라고 생각하겠지만
음식을 볼 때면 아들과 웃으며 했던 모든 이야기들이
라 엄마는 너무 함께 들어 아직 마주하지 못하고 있어.
ㅣ 쯤 엄마는 그 것을 추억으로 받아들일 수 있을까...

사랑하는 나의 아들 원석아, 안녕.

그곳에서는 잘 지내고 있니?

네가 엄마 품을 떠난 지도 1,394일이 되었구나.

시간이 언제 이렇게 가버린 건지…… 참 무색하구나.

엄마는 네가 없는 날을 세어 보는 것이

하루의 일과가 되어 버렸구나.

네가 떠난 그날을 엄마가 어찌 잊을 수 있겠니.

아마 엄마가 눈을 감는 순간에도 잊지 못할 거란다.

수학여행 간다며 들떠 있던 네 모습, 예쁜 사진을 남기고 싶다며

새 옷을 사고, 집에 와서 입어 보며 기뻐하던 네 모습,

짐을 싸면서 설레어하던 네 모습……

엄마는 어느 것 하나 잊히지 않는구나.

집을 나서기 전 엄마에게 제주도에서

젤 유명한 초콜릿을 사오겠다며 엄마를 꼭 안아 주던 너.

그 체온을 엄마는 아직도 간직하고 있단다.

가끔 삶에 치여 정신없이 지내다 문득

'너를 생각하지 못했구나.' 할 때면

엄마는 이루 말할 수 없는 슬픔과,

'이렇게도 살아지는구나.' 하는 허망함이 몰려와.

자식을 잃은 엄마의 모습이 맞는지,

내가 이렇게 살아 있어도 되는지 하는 자책감이 몰려올 때면

엄마도 너를 따라가고 싶다는 생각을 수없이 한단다.

하지만 남아 있는 너의 형과 누나들을 생각하며

악착같이 버티며 살아가고 있단다.

혹여나 가끔 너를 생각하지 못하는 엄마를

네가 본다면 서운해하겠구나 하고 생각하다가도,

언제나 가족을 먼저 생각하던 너는
절대 그렇지 않을 거라는 생각으로
엄마는 오늘도 이렇게 이겨 내고 있단다.
곧 있으면 네 생일이 다가오는구나.
너의 생일이 지나면 얼마 뒤 네가 떠난 그날도 다가와.
이맘때면 엄마는 정신을 차릴 수가 없구나.
이 복잡하고 슬픈 엄마의 마음을 그 누가 알 수 있을까.
네가 떠나기 전 마지막 생일에 함께 먹었던 그 음식을
엄마는 아직 먹질 못한단다.
다른 사람들은 그깟 음식이 뭐라고 생각하겠지만
그 음식을 볼 때면 아들과 웃으며 했던 모든 이야기들이 떠올라
엄마는 너무 힘이 들어 아직 마주하지 못하고 있어.
언제쯤 엄마는 그것을 추억으로 받아들일 수 있을까…….
3년 전 그날 차가운 너의 몸을 품에 안고도,
엄마 곁을 떠나가 버린 너를 가슴에 묻고도,
엄마는 맘 편히 슬퍼할 수가 없었단다.
아직 나오지 못한 너의 친구들과 선생님, 함께 떠나 버린 사람들,
빛을 밝히기도 전에 허망하게 떠나 버린
너의 억울한 죽음을 밝혀야
그제야 엄마는 목 놓아 울 수 있을 것 같구나.
자식의 죽음 앞에서도 숨죽이며 슬퍼해야 하는 현실이
안타깝기 그지없구나.
이제는 이런 투쟁을 달가워하지 않는 사람들의 시선과
지겹다며 그만하라는 수많은 사람들의 상처뿐인 말 속에서도
그만둘 수 없는 엄마는 너의 죽음이 헛되지 않게
끝까지 싸워 이겨 낼 거란다.
그곳에서 지켜보고 있을 너를 생각하면

엄마는 포기할 수가 없구나.
그래야 언젠가 너를 만나는 그날,
엄마는 웃으며 너를 볼 수 있을 테니까…….
이제는 재가 되어 안을 수 없는 네가 있는 그곳만이
너를 만날 수 있는 길이 되어 버렸구나.
네가 사무치게 그리울 때면 늘 그곳을 간단다.
비록 차가운 납골함일지라도,
그렇게라도 엄마는 너를 느끼고 싶구나.
엄마의 곁을 이리 빨리 떠날 줄 알았다면,
두 번 다시 너를 안을 수 없을 줄 알았다면
더 많이 행복하게 해주었을 텐데……
이제는 후회만이 남는구나.
그리운 너를 가슴에 묻고
너와의 추억을 곱씹으려 너의 사진을 보면서
엄마는 하루하루 이렇게 살아간단다.
사랑하는 나의 아들 원석아,
너를 만날 날만을 손꼽아 기다린단다.
다시 만나는 그날까지 그곳에서 행복하게 지내고,
못다 이룬 꿈 그곳에서라도 펼치길 바라.
영원히 엄마의 자식으로 있어 줘.
사랑한다, 내 아들.

2018년 2월 8일 목요일,
너를 사랑하는 엄마가.

정차웅

나의 퇴근 길은 항상 너를 향했었 다는

느낄 알게 되었어

이른 퇴근시간이면 학교 교문 앞에서

시면 검도장 골목길에서 동생들을

고 나오는 너를 기다리고 있었지

기다리던 그 시간들이 정말 좋았다

무엇도 할수없는 지금 너무도 그립고 그

것이 다 그대로 인데 너만이 없구나

사랑하는 아들 차웅에게.

내 아들 차웅, 엄마야!

바람이 불면 행여 너일까, 비라도 내리면 혹시 네 눈물일까,

밤하늘에 별을 보며 어느 별이 너일까 헤아려 보다가

고개 떨구며 헛웃음 치는 발걸음들.

엄마의 퇴근길은 항상 너를 향했었다는 것을 어느 날 알게 되었어.

좀 이른 퇴근 시간이면 학교 교문 앞에서,

아니면 검도장 골목길에서

동생들을 몰고 나오는 너를 기다리고 있었지.

기다리던 그 시간들이 정말 좋았다는 것을…….

아무것도 할 수 없는 지금, 너무도 그립고 그리워.

모든 것이 다 그대로인데 너만 없구나.

꿈에라도 찾아오라던 엄마의 간절함에

환한 미소로 딱 한 번 찾아오더니

여러 해가 가도록 오지를 않는구나.

태몽도 꾸지 못했던 엄마에게 마치 태몽처럼,

아주 선명하고 또렷하게 밝게 웃으며 "엄마, 나 괜찮아."라고,

말이 아닌 느낌으로 양팔을 넓게 벌려 이 엄마에게 안겨 왔지.

예쁜 모습으로 엄마 찾아와 주어 고마웠어.

그런데 야속하게 한 번밖에 안 오네.

내 아들 차웅!

항상 웃으며 많은 사람들에게 즐거움을 주었던 내 아들.

주말이면 옥구공원에 놀러 가서 팔각정에 올라가 '야호'도 해보고

아이스크림도 먹고, 오이도 가서 칼국수 먹고,

아파트 공사 현장에 가서 우리 집 얼마만큼 지어졌나 올려다보며

언제쯤 이사하나 날짜를 세어 보며 기다렸던 시흥 집.

그랬던 것을 많이 후회했어.

널 잃고 이사할 수 없어서 미루다 1년 전에 이사를 했어.

이사를 할 수밖에 없었지만

하루는 시흥에서 살아야 할 이유를 찾고,

또 하루는 안산에 다시 이사 가야 할 이유를 찾는단다.

엄마와 아빠는 매일 그렇게 살고 있단다.

온 가족이 함께한 추억이 없어서일까.

마음이 이곳에 정착이 안 되는구나.

그만큼 너의 존재는 우리 가족에게 아주 많이 소중했다는 의미야.

먼 훗날 엄마, 아빠도 없을 때

혼자 남을 형아를 생각하면 많이 속상해.

하늘나라에서 울 차웅이가 많이 보살펴 줄 거지?

내 아들 차웅이는 엄마의 기억 속에, 추억 속에,

그리고 엄마의 손끝에서 영원히 살아 있을 거야.

세상 무엇과도 바꿀 수 없는 소중한 내 보물들…….

엄마, 아빠 아들로 태어나 줘서 고마워.

엄마 만날 때까지 잊지 않고 기억할 거지?

엄마가 꼭 찾아갈게. 기다리고 있어.

2018년 2월 9일,

엄마가.

정휘범

수범이도 잘 버티고, 잘 이겨나갈수
그 곳에서 잘 지켜봐 주길 바란다.
엄마에게 우리 휘범이는 너무나 큰 선
이었다. 지금도 변함없는 큰 선물이다.
엄마를 만날때까지 항상 잘 지내
있어. 알았지?
오늘 저녁에 엄마랑 꼭 만났으면
좋겠다. 사랑한다. 내아들 정 후

내 아들, 사랑하는 휘범아.

요즘 날씨가 너무 춥다. 벌써 4년이 되어 가는구나.
4년이라는 세월이 올겨울처럼 우리 가족에겐 늘 한파 속이었단다.
"그립다." "안아 보고 싶다."
이런 말조차도 엄마에겐 사치인 듯싶다.
오늘 밤 꿈속에서만이라도 만날 수 있다면
엄마는 소원이 없겠다.
예전엔 한두 번씩 엄마를 찾아오더니
요즘은 통 찾아오지 않으니 너무나 그립구나.
며칠 전 설날에는 큰댁 식구들이 모두 모여서
휘범이와 친구들을 위해 4·16 기억위원이 되어 주셨다.
식구들 모두가 휘범이를 그리워하며
잘 지내고 있을 테니 염려하지 말라고 하시더라.
식구들의 말처럼 우리 휘범이는 그곳에서도 행복해하며,
즐겁게 지내고 있을 거라 엄마는 믿는다.
그리고 수범이가 벌써 고등학교 3학년이 되었다.
동생이라면 끔찍이 아꼈던 휘범이니까, 수범이도 잘 버티고
잘 이겨 나갈 수 있도록 그곳에서 잘 지켜봐 주길 바란다.
엄마에게 우리 휘범이는 너무나 큰 선물이었다.
지금도 변함없는 큰 선물이다.
엄마를 만날 때까지 항상 잘 지내고 있어, 알았지?
오늘 저녁에 엄마랑 꼭 만났으면 좋겠다.
사랑한다, 내 아들 정휘범.

2018년 2월 21일,
휘범이의 엄마가.

조봉석

우리 가족은 아직도 너의 흔적과 추억이 웃
냄새가 녹아있는 학교부근 빌라에서 살
이곳을 쉽게 떠날수가 없더구나...
단원고. 단원중학교. 화랑유원지 원고잔공원
친구들의 추억이 많이 서려있는곳...
화랑유원지에서 롤러스케이트 타던일 자
배우던 추억 가족과 함께 삼겹살집에서 고
추억 떡볶이집 치킨집 미용실 당구장 PC방

보고 싶고 만지고 싶은 멋쟁이 봉석이에게.

안녕, 잘 지내고 있지? 춥지는 않은지…….

우리 가족 엄마, 아빠, 형아는 늘 너를 기억하며 잘 지내고 있어.

조금 있으면 아들이 우리 곁을 떠난 지 4주기가 되는구나.

네가 떠나던 2014년 4월 16일은

유난히 벚꽃과 개나리, 진달래가 만발할 때였지.

영문도 모른 채 우리 곁을 떠나 버린 아들.

지금도 믿어지지 않는구나.

우리 가족은 아직도 너의 흔적과 추억이 있고 냄새가 녹아 있는

학교 부근 빌라에서 살고 있다.

이곳을 쉽게 떠날 수가 없더구나.

단원고, 단원중학교, 화랑유원지, 원고잔공원,

너와 친구들의 추억이 많이 서려 있는 곳…….

화랑유원지에서 롤러스케이트 타던 일, 자전거 배우던 추억,

가족과 함께 삼겹살집에서 고기 먹던 추억, 떡볶이집, 치킨집,

미용실, 당구장, 피시방, 학원, 노래방, 배드민턴장……

다 그대로인데 너만 없구나.

종종 단원고 학생 교복을 입고 있는 무리를 보면

문득 '저 속에 우리 아들이 있을까.' 하고 착각도 한단다.

학생들 야간 자율 학습 끝날 시간에 아이들 소리가 들리면

'우리 아들도 이 시간쯤 집에 들어왔었지.' 하고 기다려지기도 해.

아직 십 비밀번호도 비꾸지 않았어.

너의 책상도 그대로야.

언제든 비밀번호 누르고 집으로 돌아와 주렴.

네가 떠나고 많은 일들이 있었어.

희생자들의 명예를 회복하고 진실을 규명하고

책임자를 처벌하고 안전사회를 만들어 달라는
외침과 투쟁이 있었다.
하지만 아직도 진실은 밝혀지지 않고 있고
힘든 싸움이 진행 중이다.
별이 된 친구들이 어서 빨리 한곳으로 모일 수 있게
4·16안전공원을 화랑유원지 내에 들어설 수 있도록 하고,
많은 국민들이 쉽게 찾아와 기억하고 약속할 수 있는,
안전에 관한 교육의 장으로 거듭나길 바랄 뿐이야.
그러려면 접근성이 좋은 화랑유원지가 좋을 것 같다.
별이 된 친구들의 추억이 많아 웃고 울며 했던 추억의 공간 말이다.
시민들과 소통하고 공감하기 위해
부모님들이 동분서주하고 있단다.
진실은 침몰하지 않는다…….
아픈 역사를 잊으면 머지않아 또 아픈 역사를 맞을 것이다.
어찌 잊지 말아야 할 것이 6·25, 광주민주화운동뿐이랴.
세월호 참사도 잊지 말아야 할 것이다.
꼭 기억할게. 잊지 않을게…….
널 보낸 후 봄, 여름, 가을, 겨울을 잊고 살고 있다.
봄이면 꽃이 피건만 예전의 봄 같지 않구나.
여름, 가을, 겨울도 마찬가지다.
어릴 적 어여쁜 얼굴에 짙은 '숯검댕이' 눈썹(별명 장동건),
귀엽게 반짝이던 눈망울, 엄마를 닮은 걸음걸이…….
아들의 영혼이 눈처럼 정결하여 내 눈엔 눈물이 마를 날이 없구나.
부디 별이 된 희생자들 명예가 회복되고
안전한 사회가 만들어져서
더 이상 아픔이 없었으면 하는 간절한 마음이다.
보고 싶은 봉석아,

짧은 세월, 나의 아들로 곁에서 함께해 줘 고맙다.

좀 더 잘해 줄걸.

늘 미안한 마음뿐 사는 게 바빠 각자의 일에 매달리다 보니

함께한 시간이 많지 않아 후회스럽구나.

미안하고 또 미안하다.

다음 생에 다시 만나면 그땐 정말 좋은 부모 될게.

그동안 못 해준 것들 할 수 있게 기회를 줘. 꼭 부탁한다.

많은 얘기 하고 싶은데 밤이 늦었다.

다음에 또 편지할게.

참, 꿈속에라도 와줘라. 꼬옥 안아 줄게.

사랑해, 미안해, 고마워…….

2018년 2월 8일,

아들이 미치도록 보고 싶은 엄마가.

조성원

사랑하고 그리운 내아들 성원이야
성원아 엄마야~~울 성원이가
제일 좋아 했던 엄마
우리 성원이 잘 지내구 있지?
엄마랑 동생들은 잘 지내주 있어
울 성원이가 하늘나라에서 엄마랑
동생들 지켜주고 있어서...
성원아 그곳에서 친구들과 선생님
하고 잘 있는거 맞지?
엄마는 울 아들이 너무너무 보고싶은

사랑하고 그리운 내 아들 성원이에게.

성원아, 엄마야. 울 성원이가 제일 좋아했던 엄마.

우리 성원이 잘 지내고 있지? 엄마와 동생들은 잘 지내고 있어.

울 성원이가 하늘나라에서 엄마랑 동생들 지켜 주고 있어서…….

성원아, 그곳에서 친구들과 선생님하고 잘 있는 거 맞지?

엄마는 울 아들이 너무너무 보고 싶은데,

성원이는 엄마 안 보고 싶어?

아마 울 아들도 엄마 보고 싶어 할 거야……. 엄마 말 맞지?

성원아, 이곳은 지금 매서운 한파와 추위가 이어지고 있어.

울 아들이 있는 그곳은 항상 따뜻한 봄일 거라 생각해.

엄마는 울 아들이 그곳에서 어떻게 지내고 있는지,

또 뭘 하고 있는지 궁금하구나.

가서 볼 수만 있으면 좋으련만…….

아들아, 내 아들아,

엄마는 하루에도 수십, 수백 번 생각하고 또 생각해.

울 성원이가 너무 그립고 보고 싶어서.

그리고 살아 있었으면 지금 어떤 모습으로 변해 있을지

상상해 보곤 한단다.

우리 아들 어제 본 것 같은데,

우리 아들 엄마 곁에 있는 것만 같은데,

그런데 넌 없구나.

네가 없는 이 세상이, 모든 게 꿈이었으면 좋겠어.

준비 없는 이별……. 엄마에겐 너무 잔인하고 가혹한 것 같아.

내 새끼, 얼마나 무섭고 고통스러웠을까.

지금도 그날을 생각하면 가슴이 시리고 아프구나.

그래서 미안해, 널 홀로 두어서.

우리 성원이와 엄마는 많은 추억들이 있는데
이조차 꺼내 보기도 미안한 시간들이구나.
학교 땡땡이치고 엄마랑 데이트도 많이 했고,
엄마 보면 졸졸 따라다니면서 쫑알쫑알 농담도 잘하고,
장난도 치고 그랬는데.
오죽하면 아름이가 마마보이 오빠라고 할 정도로…….
울 아들 성원아.
성원이 영정 사진 앞에 아들이 좋아하는 음식이 매일 담겨 있어.
어떨 땐 엄마가, 또 어떨 땐 아름이가, 그리고 록이가…….
우리 착한 아들 너무 보고 싶구나.
엄마에게 다정다감한 애인이자 친구였고,
동생들한테는 든든한 오빠이자 형이었는데.
비록 가난하고 힘들었지만 우리 네 식구(엄마, 성원, 아름, 성록)
참 행복하게 살았지.
지금은 이 모든 게 정반대로 변해 버렸구나.
다시 그때로 돌아갈 수만 있다면 돌아가고 싶구나.
가난하게 살았어도 그때는 우리 아들이랑 함께였으니…….
그리고 성원아, 아름이는 이제 어느 정도 커서
엄마 앞에서는 절대 내색을 안 해. 그 대신 마음속으로 울고 있어.
그 반면에 록이는 지금도 가끔 형아 보고 싶다고 울 때가 있어.
그럴 때마다 엄마는 마음속으로 피눈물을 흘린단다.
형아가 수학여행 가서 선물 사온다고 해서
록이가 많이 좋아했는데 끝내는 약속을 지키지도
돌아오지도 못했구나.
그래서 그런지 록이는 지금도 하늘공원에 가는 걸 무지 싫어해.
거긴 가짜 형이라고……. 알면서도 아직 받아들이기가 힘든가 봐.
우리 성원이가 이해해 줘. 워낙 형을 좋아해서 그런 거니.

엄마는 성원아, 지금 이 편지를 쓰는 것조차

마음이 아프고 힘이 드는구나.

그래서 여기서 그만 쓸게. 울 아들도 엄마 마음 잘 알지?

친구들하고 사이좋게 지내고 선생님 말씀도 잘 듣고 있어야 해.

아들, 우리 나중에 꼭 다시 만나자.

오늘 이 편지로 우리 생에 처음으로 '영원히'라는

약속의 말을 전해 본다.

아들아, 엄마 곁에서 엄마 아들로

18년 동안 살아 주어서 너무 고마워.

다음 생에는 가난한 엄마가 아닌, 부잣집 아들로 태어나길

엄마가 기도할게.

성원아, 이제 이만 펜을 놓아야겠구나.

사랑하는 내 아들 조성원.

사랑하는 내 아들 마이클 조성원.

미안하고 영원히 사랑해.

보고 싶고 듣고 싶다…… 너의 목소리.

엄마가 하늘나라로 보내는 편지.

조은정

아무리 불러도 대답이 없구나.
보고싶고. 안고싶고. 손잡고 싶고. "엄마„ 하고
불러주는 소리도 듣고 싶은데 ㅠㅠ
너랑 손잡고 맛난 떡볶기도 먹으러가고싶고
너의옷. 엄마의옷도 서로 골라주면서 쇼핑도하고눈
엄마 곁을 떠나간지 벌써 4년이란시간이
흘러가고 있네.
너를 보낸 그날로 엄마의 인생은 멈춰버렸단
너가 떠난 엄마의 옆자리는 억울함과. 분노와
고독함과. 외로움과. 허전함만 남아 있어.

사랑하는 내 딸 은정이에게.

은정아! 내 딸, 효녀 딸 은정아.

아무리 불러도 대답이 없구나.

보고 싶고, 안고 싶고, 손잡고 싶고,

"엄마." 하고 불러 주는 소리도 듣고 싶은데…….

너랑 손잡고 맛난 떡볶이 먹으러 가고 싶고,

너의 옷, 엄마의 옷도 서로 골라 주면서 쇼핑도 하고 싶고…….

엄마 곁을 떠나간 지 벌써 4년이라는 시간이 흘러가고 있네.

너를 보낸 그날로 엄마의 인생은 멈춰 버렸단다.

네가 떠난 엄마의 옆자리에는,

억울함과 분노와 고독함과 외로움과 허전함만 남아 있어.

늘 잠들기 전에 꿈에라도 널 만나길 기도하며 잠든단다.

길에서 교복 입은 여학생들만 봐도 눈물이 앞을 가려.

교복 입고 수학여행 간 네가 떠올라 미치도록 가슴이 저며 온단다.

너를 보낸 게 너무 억울하고 분통이 터져 버리겠다.

이생에서 못다 한 엄마와의 인연은 천국에서 만나 이루자꾸나.

너무 보고 싶다, 내 딸 은정아.

사랑하는 내 딸 은정아, 엄마가 너한테 가기 전에

4·16안전공원 화랑유원지에 너희 친구들 다 같이 모아 놓고,

진실 규명해서 너희를 희생시킨 범죄자들 벌 받는 것 보고 갈게.

그때까지 엄마, 아빠들 힘낼 수 있도록 지켜 주고 지켜봐 줘.

보고 싶은 엄마 딸.

엄마 꿈에 자주 와서 엄마랑 놀다 가…….

그럼 엄마가 힘이 날 것 같아.

꿈에 너를 보고 나면 힘이 나서 하루를 견딜 것 같아.

엄마는 너를 천국으로 유학 보냈다고 생각할 거야.

자주 꿈에 찾아와서 놀다가 엄마한테 힘을 주고 가.

그럼 조금이나마 힘이 날 것 같아.

사랑한다, 내 딸.

엄마랑 만날 때까지 잘 지내고 있어.

못다 한 너의 꿈을 네가 있는 그곳에서 이루길 바라며.

행복하게 지내고 있어.

엄마도 곧 너 만나러 갈 거야.

그때까지 잘 지내.

2018년 2월 12일,

사랑하는 효녀 딸을 너무 보고 싶어 하는 엄마가.

조찬민

구가 부러워 했지 튼튼한 멋진 아들이라고
바라만 봐도 아까운 아들 사랑한다는
말이 부족할만큼 사랑하고 사랑했단다
세상은 왜 왜. 우리아들에게 무슨일을 한건
가 아들 조금만 기다려줘 오를했것을
다 이야기해 줄수있는 날이 올거야
들 사랑해 기다릴게 영원히 영원히
별이 된아들 찬민을 사랑해 사랑해
못난에미 . 엄마가 . 별이된 . 아들.
찬민에게 ... ♡

아들 찬민 별에게 보내는 편지.

아들, 긴 여행은 어때?

엄마, 형아 두고 긴 여행 하니 즐거워?

엄마는 아들이 너무너무 보고 싶고 그립고 그리워.

아들은 엄마, 형아 바라보기만 하네.

아들, 언제쯤이면 엄마 품에 돌아와 줄 거야?

기다리는 게 너무 힘들고 지치네. 아들, 한 번만이라도 안아 줘.

아들 냄새, 아들 향기가 너무너무 그리워.

언제쯤이면 그리워하지 않고 아들을 바라볼 수 있을까.

아들, 오늘은 유난히도 별이 크고 빛이 반짝반짝

아들 방을 비추네.

아들, 아들만 여행 가는 거 싫어. 엄마도 바라봐 줘.

사랑하는 아들 찬민, 별이 된 아들.

아들, 이제 돌아와 줄 날이 머지않았다는 걸 이야기해 줄게.

아들, 아직은 슬퍼하지도 말고, 서러워하지도 않았으면 좋겠네.

사랑하는 아들, 여기를 바라봐 줘.

아들 찬민, 참 많이 사랑했단다.

든든한 아들, 사랑스러웠던 아들, 부러워했던 아들.

엄마 아들로 태어나서 벅찬 아들이었단다.

엄마, 아빠가 늙어서 아들 집에 놀러 오면

맛있는 요리 해주기 위해 요리사가 되겠다던…….

아들, 엄마는 늙어 가는데 아들 목소리가 들리지 않고,

아들 모습이 보이지 않아

무섭단다. 두렵단다. 허무하단다. 공허해 견딜 수가 없단다.

사랑하는 아들 찬민, 모든 것이 잘될 거란다.

아들은 정말 멋있는 아들이었어. 모두가 부러워했지.

든든하고 멋진 아들이라고.

바라만 봐도 아까운 아들, 사랑한다는 말이 부족할 만큼

사랑하고 사랑했단다.

세상은 왜, 왜 우리 아들에게 무슨 일을 한 건가.

아들, 조금만 기다려 줘.

모든 것을 다 이야기해 줄 수 있는 날이 올 거야.

아들, 사랑해. 기다릴게, 영원히.

영원히, 별이 된 아들 찬민을 사랑해, 사랑해.

못난 어미가 별이 된 아들 찬민에게.

지상준

희망을 빼앗기고서야 알게 되었
날씨가 너무 화창해도. 비가 오
음악을 들어도. 말을 하고 있
슬프고. 아프네.
아들. 사랑해. 그리고 고마워
너와 함께한 모든 시간들이 고
고마워. 엄마 아들이어서. 고마
우리 다시 꼭 만나서. 오래토록 행

사랑하는 아들 상준아.

나의 아들 상준이 이름 부르는 게 너무 가슴 시리고 아프다.
부를 때마다 눈물이 나고 가슴이 턱 막히고 머리가 아프다.
단 한순간도 너를 잊은 적도…… 아프도록 가슴에 새기고
아파하지 않은 적도 없지만, 보고 싶고 안아 보고 싶은 마음은
어찌해야 될지 모르겠다.
시시때때로 너의 목소리가, 웃음소리가 떠올라.
현실과 괴리감이 너무나 크다.
상준아.
너의 이름을 부를 때마다 너를 그렇게 만든 이 나라의 정부가,
그 체제 속에 안일하게 근무하는 인간들이,
구조하지 않은 수많은 인간들이 죄책감도 없이 태연하게 살아가고
우리를 모욕하는 사람들이 많음에 속에서 천불이 나고,
원통하게 죽은 너에게 죄스럽고 미안하고 사랑해서,
너와 함께였던 소중하고 고마운 순간들을 떠올리지 못하고
화가 많이 나있는 상태로 너를 부여잡고 있구나.
미안한 순간들이 더 많이 떠오르고,
오래전인 것만 같았던 순간들도 문득문득…….
너를 임신해서부터 출산, 노심초사 키우던 순간,
어린이집, 초등학교, 중학교, 고등학교 생활…….
어찌 생각이 안 날까? 그래서 미치겠다.
얼마 전 동생이 고등학교 졸업식을 했어.
동생도 많이 힘들어하면서 학교생활을 했기에 기특하고 고마웠어.
그런데 아들이 없잖아. 그 자리에 있어야만 하는 아들이.
엄마 또 한 번 무너질 수밖에 없었단다.
그날도, 너의 생존을 기다리던 날이 떠올라 제정신이 아니었다.

너는 잘 지내고 있겠지? 그래야만 해.

엄만 언제나 영원히 네 곁에 함께하고 있다는 걸,

항상 사랑하고 있다는 걸 기억해.

늘 힘이 되었던 아들.

엄마가 너한테 받은 사랑이 너무 커서,

고맙고 미안한 마음이 늘 가슴에 큰 짐으로 남았네.

부모가 고맙고 미안한 마음이 늘 가슴에 큰 짐으로 남았네.

부모가 자식에게 주는 사랑이 제일 큰 것 같지만,

자식이 부모에게 버팀목이었음을, 남은 생의 모든 희망이었음을,

희망을 빼앗기고서야 알게 되었네.

날씨가 너무 화창해도, 비가 와도, 음악을 들어도,

말을 하고 있어도 슬프고, 아프네.

아들, 사랑해. 그리고 고마워.

너와 함께한 모든 시간들이 소중하고 고마워.

엄마 아들이어서 고마워. 사랑해.

우리 다시 꼭 만나서, 오래도록 행복하게 살자.

진우혁

사랑하는 우혁에게

하늘나라의 하늘도 여기처럼
맑고 푸르겠지
우혁아 !

항상 보고 싶고 사랑한다.

사랑하는 우혁에게.

하늘나라의 하늘도 여기처럼 맑고 푸르겠지.

우혁아!

항상 보고 싶고 사랑한다.

지금 우리 옆에 있지 않지만

엄마, 아빠는 우혁이가 항상 우리 곁에 있다고 믿고,

우혁이를 다시 볼 날이 올 때까지 알콩달콩 살고 있단다.

우리 우혁이가 질투 날 만큼.

'지금쯤 우리 아들은 군대 가서 열심히

국방의 의무를 지고 있겠지.' 하고 말이다.

우혁이하고 함께했던 지난날을 추억하며

입가에 미소 짓고 있단다.

즐거웠던 일, 행복했던 기억들,

우리 아들 삐쳐서 울먹울먹했던 일,

우리 가족 여행 가서 재밌게 추억 쌓았던 기억들,

아빠하고 같이 등하교하면서 대화했던 일, 엄마, 아빠, 우혁

셋이서 맛있는 거 먹으러 갔던 기억이 아직도 눈에 선한데…….

이제 함께하지 못해 아쉽고 슬프다.

우혁아!

엄마, 아빠 아들로 태어나 줘서 고맙고,

항상 밝고 건강하게 자라 줘서 행복했다.

엄마, 아빠는 영원히 우리 아들을 사랑한다.

2018년 1월 9일,

사랑하는 엄마, 아빠가.

최윤민

제 엄마있옥 윤아언니가 결혼해

아가 정신없는 사이에 언니가 숨어서 결혼

이가 됐어 . 엄만 엄써유터 걱정이야

혼식에서 운까화

른사람 결혼식만 봐도 나가 웨딩드레스

마나 이쁠까 싶어 눈물이 나는데 언니 결혼

하겠지? 내가 얼음 얼마나 좋아할까

쁜 옷도 사달라 할꺼구 섭섭하다고 언니

윤민아, 엄마야.

우리 윤민이, 엄마가 많이, 아주 많이 보고 싶다.
엄만 아직도 실감이 안 나. 순간순간 이 현실을 잊어.
아직도 네가 내 옆에 있는 것 같아.
엄마 마음이 너를 놓지 못하고 잡고 있나 봐.
벌써 4주기가 다가온다네.
세월이 빠른 건지, 엄마가 정신없이 살아온 건지.
하지만 엄만 항상 널 생각해.
앞으로도 엄마는 우리 윤민이 엄마로 살아갈 거고,
언제나 너와 함께할 거야.
이제 얼마 있으면 윤아 언니가 결혼해.
엄마가 정신없는 사이에 언니가 벌써 결혼할 나이가 됐어.
엄만 벌써부터 걱정이야. 결혼식에서 울까 봐.
다른 사람 결혼식만 봐도 네가 웨딩드레스 입으면
얼마나 이쁠까 싶어 눈물이 나는데 언니 결혼식은 더하겠지?
네가 있으면 얼마나 좋아할까.
예쁜 옷도 사달라 할 거고, 섭섭하다고 언니한테
투정도 부렸을 텐데.
조금 있으면 조카도 태어날 거고.
우리 윤민이가 보고 싶다며 만날 언니네 집에 가자 했을 거야.
우리 윤민인 아기를 좋아하니까. 참 쓸데없는 생각이 꼬리를 문다.
사실 엄만 언니들한테 좀 미안해.
그 일 이후 엄마 머릿속엔 온통 네 생각뿐이라,
언니들한테 신경을 못 썼어.
물론 언니들은 다 이해하지만 그래도 지나고 보니
'언니들도 힘들었을 텐데.' 하는 생각이 들어.

윤아, 윤정인 모두 착해서 잘 버텨 냈지만.

윤민아, 언니들 많이 보고 싶지?

우리 윤민인 언니들하고 노는 거 좋아했잖아.

만날 놀아 달라고 언니들 쫓아다녔는데.

윤민아, 저번에 외할머니 댁에 갔다 왔는데

규성이, 채연이, 승우, 승민이 많이 컸더라.

네가 채연이랑 잘 놀아 줬는데 벌써 중2래.

규성인 고등학생이 됐고. 키들도 엄청 컸더라.

말들은 안 하지만, 그 아이들도 너를 기억하고 보고 싶어 할 거야.

윤민이도 동생들 보고 싶지?

엄만 요즘 심리 치료를 시작했어. 상담도 받고 약도 먹고.

불안 장애라네. 엄마가 좀 힘든가 봐.

세월이 가면 나아질 줄 알았는데 아니더라고.

증상이 심해지고 있었나 봐. 이제 치료 시작했으니까 좋아지겠지.

아빤 여전하셔. 그래도 엄만 아빠가 옆에 있어서 훨씬 의지가 돼.

때론 싸우기도 하지만, 엄마한테는 아빠가 제일이지, 뭐.

윤정 언니는 회사 엄청 열심히 다녀.

일도 잘하나 봐. 회사도 연봉 더 받고 옮겼어.

근데 요즘 남친은 없어서 만날 윤아를 귀찮게 하는 거 같아.

같이 영화 보자, 술 먹자, 운동하자…….

윤아 언니랑 자주 밖에서 만나더라고.

윤아 시집가면 혼자 남아 어쩌려나 걱정돼.

윤민아, 이렇게 우리 식구들은 잘 있어.

친할머니, 할아버지도 잘 계시고,

외할머니, 삼촌, 이모들도 잘 있어.

할머니나 삼촌은 아직도 엄마 걱정을 해.

가끔 전화해서 엄마가 잘 있는지, 요즘 뭘 하는지 확인을 하셔.

엄만 괜찮아. 네가 보고 싶은 것만 빼면.

아직도 네가 엄마 옆에 있던 예전을 그리워하며,

지나가는 여고생들을 부러운 눈으로 쳐다보며 너를 생각해.

윤민아, 보고 싶다.

우리 윤민이도 엄마 많이 보고 싶을 텐데.

사랑한다, 최윤민.

엄마가 항상 널 생각하고 너와 함께해.

윤민아, 조금만 기다려.

우리 다시 만나면 꼭 붙어서 떨어지지 말자.

보고 싶다, 윤민아.

아주 많이 보고 싶다.

최정수

새끼야... 정수야...

가슴이 아프다는 말, 메어진다는 말...

- 어떤말로도 대신할수 없다는 것을 엄마는

리 정수가 그립고 보고싶을 때는 아무 말

용없고 단 한마디 너에게로 가고싶다...

너와 함께 할수 있는 일들이 없거에

너와 함께 했던 일들을 추억하여

사랑하는 내 아들 정수야.

정수야, 정수야, 정수야.

언제나 한 번 부르면 "네, 엄마." 하고 달려오던 이쁜 강아지.

세 번을 불러도 들리지 않는 너의 목소리,

보이지 않는 너의 모습에

엄마는 다시 한 번 쿵 하고 무너져 내리는 가슴을 쥐어 잡으며

조용히 눈을 감는다.

엄마는 오늘도 우리 정수를 보고 싶은 마음에,

좋아하던 보라색이 들어간 꽃 한 다발을 정성껏 준비해

정수 집을 향해 차를 달린다.

아들 집까지 40분이면 도착하는 거리…….

가는 내내 너와의 추억들을 떠올리며 눈은 항상 뿌옇게 흐려지고

소리 없이 눈물이 흐르고 있지.

아무리 많은 눈물을 흘린다 해도,

아무리 엄마 가슴이 찢어지고 미어진다 해도,

그 어떤 고통 속에서 엄마가 살고 있다 해도,

우리 정수의 고통과 원통하고 억울함에 비할 수 있을까?

사랑하는 정수야.

보고 싶고 그립고 만져 보고 싶은, 늘 곁에 있을 것 같던

착하고 멋진 내 새끼.

"엄마 곁을 떠나 있을 때는 군대 갔을 때 빼곤 없을 거예요.

항상 엄마 곁에 엄마 껌딱지로 붙어 있을 거예요."

그리 말하던, 하늘만큼 커다란 마음을 가졌던 내 새끼야……

정수야…….

가슴이 아프다는 말, 미어진다는 말,

그 어떤 말로도 대신할 수 없다는 것을…….

엄마는 우리 정수가 그립고 보고 싶을 때는 아무 말도 소용없고

단 한마디…… 너에게로 가고 싶다…….

너와 함께할 수 있는 일들이 없기에

너와 함께했던 일들을 추억하며,

오늘도 차마 시려서 올려다볼 수 없는 하늘에

가슴에서 터져 나올 듯 소리를 지른다.

왜? 어째서?

내 사랑하는 아이와 그 아이가 커가는 모습,

자기의 꿈을 찾아 열심히 사는 모습,

함께 영화를 보고 팔짱을 끼고 거리를 걷고,

함께 밥을 먹고, 함께하고 싶은 일들이 많았는데…….

그저 내 아들 곁에서, 뒤에서 바라보는 것, 지켜보는 것,

함께하는 것, 엄마로서, 정수의 엄마로서 영원히 좋은 엄마로

살아가고, 살다가 정수 곁에서 내 생을 마치고 웃으면서

내 아들 곁을 떠나고 싶다는 마음뿐이었는데,

그것도 할 수 없게, 다시는 좋은 엄마로 살지도 죽지도 못하는

가혹한 벌을 주시는지 매일 하늘에 질문을, 아우성을 던진다.

모든 것을 혼자 할 수 있지만 엄마는 꼭 곁에 있어야 한다던,

꽃처럼 예쁜 내 아들 정수야.

어디에서, 무엇을 하며, 어떻게 지내는 건지…….

볼 수도 만질 수도 없으니 그저 막막하고 가슴만 미어질 뿐…….

정수야.

네가 엄마 곁을 떠날 때처럼 어느새 동생 쪼깐이가

정수 나이가 되어 버렸다.

작고 힘없던 쪼깐이가 열여덟이 되었다.

새해 1월 1일 아침에 정수를 바라보며

"아가…… 정수야…… 새해 아침이다." 인사를 하며

엄마에겐 의미 없는 일상이지만 또 그렇게 한 해가 시작되었다.

인사를 건네며 쪼깐이에게도

"축하한다. 한 살을 더하는구나. 지난 한 해 건강하게 엄마 곁에
있었기 때문에 또 한 살을 더해 형아 나이가 되었구나. 축하한다.
올 한 해도 건강하게 지내라." 그리 얘기하며 안아 주었어.

쪼깐이를 안아 주면서 엄마는 다시 한 번 울 수밖에,

소리 없이 울 수밖에 없었다.

내 아들 정수를, 열여덟 되던 해 그리 안아 보고

등을 토닥여 줬을 때가 생각이 나서. 그래서…….

커가면서 쪼깐이가 정수의 행동, 모습, 크게 웃는 웃음소리까지
비슷하게 보여 주면 깜짝 놀랐다.

모든 면에서 정수와 쪼깐이는 달랐는데

울 아들이 엄마 곁을 떠난 지 몇 년이 흐른 지금

쪼깐이에게서 너의 모습을 자주 보게 되어 기쁘면서도

씁쓸하고 허탈한 웃음, 눈물을 섞어 보이게 되는 일상이다.

정수야.

늘 곁에 있어도 그립고 보고 싶던 아들이었는데

곁에 없는 지금은 그리운 아들, 보고 싶은 아들…….

엄마는 보고 싶은 사람을 못 보고 사는 슬픔이,

그리운 사람을 못 보고 사는 아픔이

얼마나 무섭고 견디기 힘든 아픔인지 알기에

견딜 수 없이 힘든 날은 너에게로 달려가는 꿈을 꾸게 된다.

견뎌 내야 하는 삶이, 일상들이…….

그저 내 아들 정수를 만나러 가는 그날까지

치매만은 걸리지 않게 해달라고 조심스레 기도한다.

엄마가 늙어 울 정수가 엄마를 못 알아보더라도

엄마가 정수를 알아보고 꼭 안아 주면서

엄마 없이 견디고 기다려 주어서 고맙고 미안하고 애썼다고,
평상시 그랬던 것처럼 등 토닥이고 손 꼭 잡아 주고 싶다.
사랑하는 내 아들 정수야, 정수야.
목 놓아 불러 봐도 대답 없는 정수야.
어디 있니? 어디쯤에 있니?
항상 널 만날 때면 엄마가 하는 말 듣고 있지?
엄마가 정수를 사랑한 것보다 더 많은 사랑을
엄마에게 보여 주었던 내 사랑하는 아들 정수야.
엄마가 정수에게 갈 때까지 울 정수는 좋은 곳, 편한 곳에
예쁜 모습, 환한 모습으로 있어 주길 바라…….
늘 엄마가 정수에게 하고 오는 말.
정수야, 너의 엄마로 불릴 때가 좋았다.
영원히 사랑하고 또 사랑한다.

2018년 2월 그리운 날에,
정수 엄마가 울 애인 정수에게.

최진아

그리고 진아아~ 너의 절친 은혜가
분한테 부탁을 해서 축구공에 가입
받아왔어 기성용선수 우리 진아가
그곳에서 울고있지? 진아 생일때
장을 봐서 울먹이 좋아하는 은혜들은
생일 때마다 친구 진아를 잊지않
있다 넌 고마운 친구야

울 예쁜 딸 최진아.

사랑한다는 말로 다 표현이 안 될 만큼 소중한,
엄마, 아빠의 하나밖에 없는 귀한 딸 진아야.
한없는 그리움으로 남아 있는 예쁜 딸 진아!
웃는 모습이 예쁘고 항상 밝고 이해심 많은, 친구 같은 딸이었는데.
너무 그립고 보고 싶어도 만질 수도 없고
꿈에서밖에 볼 수 없다는 것이 너무 가슴 아픈 현실이 되었구나.
수학여행 갈까 말까 망설이면서 엄마한테 물었었지.
그때 단호히 울 딸을 막지 못한 게 엄마한테는
천추의 한이 되었구나!
보내지 않았더라면 얼마나 좋았을까 하는 아쉬움, 죄책감.
되돌릴 순 없지만 지금도 그런 생각을 머릿속에서 지울 수 없단다.
울 이쁜 진아는 엄마, 아빠한테 귀하고 속 깊은 딸이었는데…….
엄마가 늘 바쁘다는 핑계로 많이 안아 주지 못해서 미안하고,
사랑한다는 말을 많이 못 해줘서 미안하고,
온통 후회와 미안한 것뿐인데…….
착한 우리 딸은 바쁜 엄마를 늘 이해해 줬었지.
바쁜 엄마를 대신해서 불평, 불만 없이 스스로 집안일도 하고
쑤니도 잘 돌보고 너무나 속 깊고 정 많은 착한 딸이었어.
엄마가 울 딸을 많이 의지했고 진아라는 이름 두 글자가
엄마, 아빠한테 얼마나 큰 힘이 되었는지 몰라.
예쁘게 착하게 잘 자라 줘서 고맙고
엄마, 아빠의 딸로 태어나 줘서 고맙고…….
우리 딸이랑 함께할 때가 제일 행복했었어.
그리고 진아야, 너의 절친 은혜가 어떤 고마운 분한테 부탁을 해서
축구공에 기성용 선수 사인을 받아 왔어.

기성용 선수, 우리 진아가 엄청 팬이었잖아. 그곳에서 웃고 있지?

진아 생일 때 은혜가 직접 장을 봐서

울 딸이 좋아하는 음식들을 만들어 왔었어.

생일 때마다 친구 진아를 잊지 않고 보러 오고 있단다.

너무 고마운 친구야.

엄마는 은혜의 눈빛에서, 말은 안 해도 친구 진아에 대한

그리움과 안타까움을 읽을 수가 있었어.

엄마는 울 딸 친구 은혜를 볼 때마다 한편으론 고맙고,

또 한편으론 내 새끼 진아가 떠올라서 말 못 하는 그리움에

마음이 짠하고 뭉클할 때가 많아.

사랑하는 딸 진아야.

수학여행 가는 날 아침까지 쑤니 걱정을 했었지.

엄마, 아빠가 울 딸을 대신해서 잘 돌보고 있으니까

그곳에선 엄마, 아빠, 쑤니 걱정도 하지 말고

무섭고 힘들고 아팠던 나쁜 기억들은 다 잊고

평안하게 지냈으면 좋겠어.

그립고 보고 싶은 내 새끼 최진아!

온통 미안함과 그리움으로, 다시 만날 그날까지 울 이쁜 딸을

가슴에 묻고 남은 인생을 살아야겠지.

지켜 주지 못해서 미안하고 또 미안해.

매 순간 미안하고 사랑한다.

우리 가족 다시 만날 그날을 기약하면서.

2018년 2월 13일,

최진아를 사무치게 그리워하는 엄마, 아빠가.

최진혁

곳은 춥지는 않아?

산은 춥기도 하고, 눈도 많이 오고

기 걸리지 않게 조심! 조심!

부하는 소니. 늦게 들어온다고 잔소

지?

터도 아흥대면 하고. 그치?

종은 무슨 게임해?

가 배우라면 게임 배울걸......

험..... 그때 배웠으면 게임 속에

보고 싶은 아들 진혁아!

잘 지내고 있어? 그곳은 춥지는 않아?

안산은 춥기도 하고, 눈도 많이 오고 그러네.

감기 걸리지 않게 조심! 조심!

공부하라는 소리, 늦게 들어온다고 잔소리 안 들어서 좋지?

컴퓨터도 마음대로 하고, 그치? 요즘은 무슨 게임 해?

네가 배우라던 게임 배울걸. (후회 중)

그럼…… 그때 배웠으면 게임 속에서 같이 만날 텐데…….

아들! 진혁아! 요즘은 뭐가 유행이야?

패션도, 게임도…… 아들이 알려 주지 않아서 도통 모르겠어.

참, 헤어스타일은 그대로다. 긴 생머리. (마구마구 기르고 있는 중)

아쉬운 건 흰머리 뽑아 줄 아들이 없어서

염색을 하고 있다는 거지. (언제 만날까?)

참, 아빠는 잘 계셔. 근데…… 가끔 말다툼도 해.

크게는 아니지만, 사소한 걸로. (진혁이랑 흥도 봤는데……)

그리고 아빠가 건강검진을 안 받으려 해.

아들이 엄마 말 좀 들으라고 해주라.

아들! 진혁아!

연락해. 맛있는 거, 아들이 좋아하는 요리 해놓고 기다릴게.

혹 컸다고 입맛이 변하지는 않았지?

아들! 진혁야! 내 강쥐야!

우리 다시 만날 때까지…… 우리 다시 만날 그때까지……

아프지 말기. 오래 기다리지 않게 할게.

2018년 2월 새벽에,

엄마가.

편다인

엄마, 아빠 노래 다운 받아 달라고 부탁했던
인피니트 노래를 모두 받아 줬었지.
여전히 잘 듣고 있어. 엄마, 아빠는 우리
다운 받아 준 노래가 여전히 최신곡이야.
엄마, 아빠는 천생연분인가봐.
얼마 전에 차 사고가 났어.
엄마는 오전에 아빠는 오후에.
아빠는 다음생에 엄마를 만나지 않겠데

하이 국이!

엄마는 다인이보다 국이라고 부르는 게 더 익숙해.

우리 딸을 못 본 지 벌써 4년 시간이 지났네…….

사진으로는 우리 딸에 대한 커다란 그리움이 채워지지가 않네.

우리 딸은 그곳에서 매일매일 아빠와 엄마를 보고 있겠지.

울지 않고 편지 잘 쓰려고 했는데 또 눈물이 나네…….

엄마는 요즘 조금 바쁘게 지내고 있어.

작년 7월부터 회사에 다시 다니게 됐어.

처음엔 어떻게 다니지 했는데 벌써 8개월째야.

(그런데 매일매일 그만둘 생각을 하며 다닌다.)

그래도 1년은 채워서 퇴직금 받아 보려고 열심히 다니고 있어.

아빠는 여전히 성실한 회사원 생활을 열심히 하고 있어.

도훈이는 짧은 직장 생활을 마치고 재수하기로 결정했어.

음…… 그리고 우리 딸이 제일 궁금해할 별이……

지금 아빠하고 침대에서 같이 자고 있어.

이제는 방문을 닫으면 방문 앞에서 문 열어 달라고 짖고

문 열어 주면 어느새 침대에 올라와서 같이 잔다.

침대에서 내려가라고 하면 안 내려가고,

안아서 내려놓으려고 하면 안 내려가려고 버티거나

벌러덩 드러눕는다. 진짜 웃겨.

우리 딸은 그곳에서 친구들과 뭘 하며 지낼까?

길 가다가 우리 딸 또래 여자애들을 보면

엄마도 모르게 시선이 가고 우리 딸의 모습이 그려져.

그중 우리 딸이 젤 이뻐…….

엄마도 어쩔 수 없는 고슴도치 엄마인가 봐.

야무지고 똑소리 나는 엄마 딸.

너를 보내고 난 후에 싸이월드, 페이스북, 카카오스토리,
네이버 블로그 등을 통해 너의 흔적을 찾아봤어.
엄마가 생각했던 것보다 훨씬 더 바르고 소신 있게 자란
우리 딸의 모습을 볼 수 있었어.
모든 생명을 소중히 여기며 수의사가 되겠다던 우리 딸.
동물들의 사회적 이슈에 관심이 많았던 모습을 볼 수 있었고,
고등학교 때 연극부에 들어가 뮤지컬 배우를 꿈꾼 것,
네이버 블로그에 작성한 팬픽을 보며 우리 딸이 밤마다 컴퓨터를
붙잡고 있었던 이유를 알게 됐어.
수학여행 가기 전까지 작성한 미완성된 팬픽.
그때 좀 더 관심을 가져 주고 잘했다고 칭찬도 많이 해줄걸.
이제야 뒤늦은 후회를 하고 있어. 엄마 딸, 참 잘했어요.
지금은 어떤 꿈을 향해 가고 있을까?
어떤 꿈이든 엄마, 아빠는 우리 딸을 항상 지지하고 응원해.
책상 앞에 붙여 놓은 다이어트 열 가지는 잘 실천하고 있는지?

다이어트!
1. TV 보며 박봄 11자 다리 50~100회
양쪽 복근 만들기 운동
2. 매일 훌라후프 1시간, 줄넘기 1,000회,
물 8잔 마시기
3. 군것질 줄이기 → 89% 성공
4. 알밴 건 주무르기. 그다음 하늘 자전거 100회
5. 저녁 6시 이후 먹지 않기
6. 과식, 폭식하지 말기
7. 급한 일 아니면 버스 3정거장 거리는
걸어 다니기(5층 이하는 계단 이용)

8. 누워 있지 않기

9. 시간 날 때마다 움직이기

10. 우현 오빠 생각하기

1번에서 9번까지는 다 알겠는데 10번은 뭐니?

여전히 인피니트 우현이의 팬이겠지?

엄마, 아빠 노래 내려받아 달라고 부탁했더니,

인피니트 노래를 모두 받아 줬었지.

여전히 잘 듣고 있어. 엄마, 아빠는 우리 딸이 내려받아 준 노래가

여전히 최신곡이야.

엄마, 아빠는 천생연분인가 봐.

얼마 전에 차 사고가 났어. 엄마는 오전에, 아빠는 오후에.

아빠는 다음 생에 엄마를 만나지 않겠대.

엄마 태어나 있는 생에는 아빠는 아예 태어나지도 않겠대.

그런데 이 일을 어째. 차 사고도 같은 날 나는데.

엄마와 아빠는 다음 생에도 부부가 될 거 같아.

우리 딸이 말했던 것처럼 다음 생에 엄마, 아빠 딸로 태어나서

우리 행복하게 살자.

그날이 빨리 왔으면 좋겠다.

많이 보고 싶고

많이 사랑하고

많이 많이 그리워.

2018년 2월 18일,

엄마가.

한고운

...원고   2학년 /반   37번   한 고운
...꼬닭   고운아   잘   지내고   있지?
... 곳엔   매일매일   꽃향기   가득한
...것 살이   눈부시게   빛나는   봄날이겠지 !
... 날   두려움과   고통속에서
...아깝게   떠나야 만   했던   그 날과
...리   봄날이라   믿고   있어
...같은   2014년   4월/6일   18살   그대로
...머물러   있는데   동생은   고등학교
...졸업하고   대학입학을   앞두고   있어

스물두 살 고운이에게.

단원고 2학년 1반 37번 한고운.
꼬꼬닭 고운아, 잘 지내고 있지?
그곳엔 매일매일 꽃향기 가득한,
햇살이 눈부시게 빛나는 봄날이겠지!
두려움과 고통 속에서 차갑게 떠나야만 했던 그날과 달리
봄날이리라 믿고 있어.
딸은 2014년 4월 16일 열여덟 살 그대로 머물러 있는데
동생은 고등학교 졸업하고 대학 입학을 앞두고 있어.
정상적이라면 2018년 스물두 살에,
딸도 서울예대 방송영상과 졸업반인데.
카메라 감독을 꿈꾸던 딸은 꿈을 향해 달려가고 있었을 텐데…….
딸아들 둘 다 마음껏 축하해 주지도 못하는 이 현실이
너무도 비참하더구나.
앞으로도 축하해 줘야 하는 여러 일들이 있을 때마다
엄마 마음속에 양지와 음지를 갖고 살아야 한다는 사실에
피하고만 싶구나.
엄마 새끼가 왜 그렇게 떠나야만 했는지,
딸의 억울함이자 엄마의 억울함을 밝혀 주겠다고 약속했는데,
해결된 것도 없이 곧 벚꽃이 팝콘처럼 터져
거리를 온통 하얗게 물들일 4주기가 다가오고 있어서
엄마 마음을 더 아프게 하는구나.
고운아, 교실 지켜 주지 못해 미안해.
아직까지 진실 밝혀 주지 못해 미안해.
태어나고 자란 18년 추억이 고스란히 남아 있는 엄마 곁으로
데려오지 못하고 낯선 곳에 있게 해서 미안해.

4·16안전공원 부지 선정도 계속 미뤄지고 있어서

엄마 애간장이 녹는구나.

너희에게도 부모들에게도 가만히 있으라 말하는구나.

가만히 있지 않고 포기하지 않고 진실을 향해

한 걸음, 한 걸음 걸어갈 수 있게 너희도 도와주렴.

고운아, 봐도 봐도 또 보고 싶은데

점점 더 꿈에서조차 볼 수가 없구나.

오늘 밤엔 꼭 볼 수 있었으면 좋겠다.

고운아 희미하게 말고, 빨리 사라지지 말고, 바라만 보지 말고

엄마 좀 안아 줘. 뼈가 으스러져도 좋아.

이제 그만 딸 만나러 얼른 꿈나라로 가야겠다.

고운아, 엄마랑 같이 꿈나라 여행 가자.

예쁜 옷도 많이 사고 사진도 많이 찍고 맛있는 것도 많이 먹고

수다도 엄청 많이 떨어 보자.

고운아, 스물두 살 딸과 엄마랑 할 수 있는 건 다 해보는 거다.

고운아 사랑했고 사랑하고,

영원히 사랑해.

2018년 2월 6일 화요일 늦은 밤,

매일 밤 고운이 꿈 꾸고 싶은 엄마가.

한세영

항상 기쁨만 주던 우리딸
" 나는 아빠말 안듣는 애들을 보면
이해가 안가
어떻게 아빠말을 안들을수가 있어 ?"
불과 몇달전 이말을 했을때
정말 고맙고 감동했지만 내색은 안했다
 고맙다 우리딸 ….
이글을 쓰는동안 계속눈물이 흐르는구나
사실 아빠는

사랑하는 딸 세영이가 아빠 딸로 태어난 지가

벌써 16년 하고도 5개월이 되었네.

처음 태어난 날, 손가락 10개, 발가락 10개가 맞나

긴장되는 마음으로 세어 보던 때가 기억난다.

항상 기쁨만 주던 우리 딸.

"나는 아빠 말 안 듣는 애들을 보면 이해가 안 가.

어떻게 아빠 말을 안 들을 수가 있어?"

불과 몇 달 전 이 말을 했을 때 정말 고맙고 감동했지만

내색은 안 했어.

고맙다, 우리 딸…….

이 글을 쓰는 동안 계속 눈물이 흐르는구나.

사실 아빠는 날마다 공상을 했었단다.

세영이 커가는 동안 잘해 준 게 없어서,

나중에 세영이가 예쁜 아기들 낳으면 마당 있는 집에서

우리 딸이 그토록 키우고 싶어 하던 허스키도 키우고,

아기들 데리고 놀러 오면 고기도 구워 먹고,

최선을 다해 세영이의 어릴 때 상처를 보상해 주리라…….

이젠 그럴 기회마저 없어져 버려서 가슴이 찢어지는구나.

인상 한 번 쓴 적 없는 착한 내 딸.

아빠를 이해해 주고 공감해 준 친구 같은 딸.

이 얘기, 저 얘기 하며 함께 밤을 새운 애인 같은 딸.

아빠는 백번 결혼을 해도 세영이 같은 딸 두 번 다시

못 얻을 걸 알기에 너무나도 아프구나.

사랑해, 세영아.

우리 겁 많은 딸, 마지막 순간에 얼마나 무서웠을까?

미안하다, 세영아.

이 아빠는 세영이가 아빠 딸로 태어나 줘서 너무너무 고마웠어.

하지만 다음 생에는 꼭 좋은 아빠 만나서 행복하길 바란다.

부디 이 세상에서의 슬픔, 고통 모두 잊고

이 못난 아빠도 용서해 주고 편히 잠들기를 바란다.

사랑한다, 세영아.

너무나도 사랑한다.

미치도록 사랑한다.

그리고 미안하다.

2014년 5월 세영이가 미치도록 보고 싶은 밤에,

아빠가.

한은지

지야, 오늘이 엄마의 생일이다.
마 생일날, 항상 챙겨줬지만, 이 날은 엄
러 동생과 함께 이벤트로 케익을 만들어
물로 립스틱 췄던 것 기억하니?
게 처음이자 마지막이었다는 것을...
저 나서서 동생들과 이벤트를 준비한 너
습이 생각이 나 슬프다.
! 너와 함께 있을 때의 추억을 돌이켜
은 일, 슬픈 일, 미안한 일도 있었고, 생각이

사랑하는 내 딸 은지에게.

안녕! 엄마야.

할 말은 많지만 말이나 글로 표현하는 데 서툴러서

마음처럼 쉽지가 않구나.

몇 번이나 무슨 말을 어떻게 해야 할지 고민하고 또 고민하며

펜을 들었다 놨다 하는구나.

혼잣말로 너의 사진을 보며 너에게 말을 건네곤 했었는데…….

은지야, 오늘이 엄마의 생일이다.

엄마 생일날 항상 챙겨 줬지만, 엄마 몰래 동생과 함께 이벤트로

케이크를 만들어 주고, 선물로 립스틱 줬던 날 기억하니?

그게 처음이자 마지막이었다는 것을…….

먼저 나서서 동생들과 이벤트를 준비한 네가 생각나 슬프다.

딸! 너와 함께 있을 때의 추억을 돌이켜 보면 좋은 일, 슬픈 일,

미안한 일도 있었고, 생각이 달라 싸울 때도 있었지.

그럴 때마다 네가 힘들었을 텐데

많이 다독거려 주고 챙겨 주지 못해서 미안해.

아픈 동생 때문에 빨리 철든 것 같아 마음이 아팠지만,

항상 옆에서 든든하게 있어 주는 것만으로도 고맙고,

"내 딸이라서 예뻐", "너라서 좋아."라고 웃으면서 좋아했는데…….

엄마가 너에게 많이 의지를 했었나 봐.

엄마의 키보다 더 커서 아빠하고 나란히 팔짱을 끼고 걷는

뒷모습을 보면 너무 잘 어울리는 커플로 보여 흐뭇했어.

엄마보다는 아빠하고 호흡이 잘 맞아 키득키득 웃다가,

간혹 삐져 있다가도 아빠에게 먼저 다가가 애교도 보이고

화해하는 모습이 참 좋아 보였단다.

딸! 우리 은지 잘하고 있는데도,
첫째가 잘해야 아래 동생들도 너의 행동을 보고 따라서
잘한다는 이야기로 책임감과 부담감을 줘서 미안해.
너를 사랑한다는 이유로 걱정이 되어 너의 귀가 시간을 정해
친구들과의 즐거운 시간을 뺏어서 미안해.
너에게도 친구들과의 추억이 있었을 텐데…….

은지, 내 딸! 올해 스물두 살이 되었네.
지금쯤 대학생 모습으로 학교생활 하며 알바하고 있거나,
중학교 때 말했듯이 고등학교 졸업해
쇼핑몰을 운영하며 피팅 모델을 하고 있거나,
아빠, 엄마랑 술자리 같이하면서
이야기를 하고 있을 너를 상상해 본다.
딸! 너와 겪었던 일들이 추억이라니 마음이 아프다.
네가 없는 이 시간에도 아빠와 동생들이 너를 생각하며
네가 했던 행동, 말투, 흔적을 이야기하고 있단다.
가끔씩은 현실 속에, 방황 아닌 방황 속에,
휴대폰에 저장된 사진을 꺼내 보며 그립고 보고 싶어서
한숨 쉬며 살아가고 있어.
네가 없는 이 현실이 싫지만 그래도 살아야 한다면
너를 위해, 동생들을 위해 열심히 살아야 할 아빠, 엄마에게
꿈에 자주 놀러 와 응원해 주길 바란다.
딸, 은지야, 너와 함께했던 일상을,
소소한 모든 것을 추억으로,
아빠, 엄마의 딸로 영원히 잊지 않고 기억하고 기억할게.
너는 언제나 변함없는 아빠, 엄마의 첫째 딸인 거 잊지 마.
보고 싶다. 보고 싶어. 너를 안을 수만 있다면…….

약속할게. 꼭 잊지 않고 기억할게.

사랑해. 사랑해, 내 딸 은지야.

2018년 2월 8일,

그립고 보고 싶은 사랑하는 엄마가.

허재강

매일 매일 보고싶고 만지고 싶고
손도 잡고 어깨동무도 하고싶어 재강아
재강이가 엄마 허그 하려고 할때
엄마가 사양한게 지금은 너무 너무
후회스러워 그때 허그 사양하지
않았다면 그온기 그느낌 간직하는데
하지만 강이가 수학여행 가기전에
침대끝에 앉아있는 엄마 안아 주면서
사랑하고 충사하다고 말해 주어서
정말 고마웠어

멋진 사랑 재강아.

따스한 봄 벚꽃이 화사하게 핀 교정에서
예쁘게 단체 사진을 찍고 제주도 수학여행 떠났는데…….
우리 아들 재강이는 여행 다니는 걸 좋아해서
별이 되어서도 여기저기 여행하고 있겠지.
성격이 밝아서 친구도 많이 사귀고 맛집도 찾아다니면서
즐기고 있으리라 생각해.
하지만 재강아, 민영이 고등학교 졸업하고 유럽 여행 가자고
약속한 거 기억하지? 이제 그 약속 지킬 때가 되었어.
얼마 전 민영이가 졸업했거든. 재강이도 민영이 졸업식 봤지?
졸업식 끝나고 민영이가 오빠 보러 가자고 해서
할머니랑 우리 만났었지?
재강아, 이 약속은 다음으로 미루자.
우리가 다시 다음 생에 가족으로 만나서 이 약속 꼭꼭 지키자.
미안하다, 재강아. 지켜 주지 못해서 미안해.
죄스럽게 살아가는 엄마, 아빠가 무슨 부모의 자격이 있을까?
그래서 강아, 사고인 줄 알았는데 시간이 지나면서
사고가 아니라 학살이라는 것을 알게 되었어.
누구 하나 잘못했다고 용서를 구하는 인간도 없고,
처벌받는 인간이 없어서 가슴이 터질 듯 아프고 아픈데
언제쯤 너희 희생이, 억울함이, 진실이 수면 위에 올라올까?
재강아, 너와 친구들의 억울함은
남아 있는 엄마들, 아빠들의 몫으로,
이 악물고 아픈 몸 이끌고 억울함 밝혀야겠지.
엄마, 아빠의 사랑하는 아들 허재강.
매일매일 불러도 메아리만 남네.

매일매일 보고 싶고 만지고 싶고,
손도 잡고 어깨동무도 하고 싶어.
재강이가 엄마 허그 하려고 할 때 엄마가 사양한 게
지금은 너무너무 후회스러워. 그때 허그 사양하지 않았다면
그 온기, 그 느낌 간직하는데.
하지만 강이가 수학여행 가기 전에 침대 끝에 앉아 있는 엄마
안아 주면서 사랑하고 감사하다고 말해 주어서
정말 고마웠어.
재강아, 밥 꼭꼭 챙겨 먹고, 건강하게 아프지 말고
행복하게 잘 지내고 있어야 해.
다음에 엄마랑 만나면 언제나처럼 뛰어와 "엄마." 하고 안아 줘.
사랑하는 아들 재강아.

2018년 2월 15일.

홍순영

학교에 들어가서도 늘 친구보다 엄마를 더

엄마의 애인이자 친구같았던 내아들 순영이

엄마의 부탁이라면, 한번도 불평없이 들어주던

옆에 없으니. 이렇게 또다시 봄이오려는지

가슴이 아프구나. 등교할때 엄마차에서 같이

웃었던 기억에, 보고픈 거리는 아직도 우리 순

같구나. 엄마에게는 보물이었던 우리아들 ..

그립다. 언젠가는 꼭 다시 만날수 있겠지?

사랑하는 내 아들 순영아.

아기 때부터 울지도 않고 순둥이였던 내 아들,
잘 지내고 있니?
초등학교에 들어가서도, 중학교에 들어가서도,
또 고등학교에 들어가서도 늘 친구보다 엄마를 더 생각해 주던,
엄마의 애인이자 친구 같았던 내 아들 순영아, 보고 싶구나.
엄마의 부탁이라면 한 번도 불평 없이 들어주던 순영이가
옆에 없으니, 이렇게 또다시 봄이 오려는 소리가 들리면
가슴이 아프구나.
등교할 때 엄마 차에서 같이 노래하며 웃었던 기억에,
보조석 자리는 아직도 우리 순영이 자리 같구나.
엄마에게는 보물이었던 우리 아들…… 그립고 또 그립다.
언젠가 꼭 다시 만날 수 있겠지?
엄마에게 늦둥이로 태어나 더더욱 이뻤던 소중한 내 아들이
엄마 곁을 떠난 지도 벌써 4년이 되었구나.
시간이 어떻게 지나갔는지도 모르게, 많이 아프고 슬프지만,
하나님 곁으로 갔을 내 아들 생각하며 매일 기도하고 있어.
천국에 가서 내 아들을 꼭 다시 만나게 해달라고,
꼭 다시 안아 볼 수 있게 해달라고 말야.
하나님께서 들어주시겠지?
엄마는 이 작은 희망으로 하루하루를 버티고 있단다.
그림 그리는 것을 좋아하던 우리 순영이가,
한의사가 되어 어려운 사람들을 위해 봉사하며 산다고 했을 때
엄마는 정말 뿌듯했어.
우리 아들 참 잘 자라 주었구나 하는 생각에…….
엄마는 우리 순영이한테 해준 것도 별로 없는 것 같은데,

우리 아들은 너무 착하게 잘 커줘서 고마웠어.

그리고 엄마에게 늘 웃음을 주고, 행복을 주고,

사랑을 줘서 정말 고맙다, 내 아들…….

지금도 아침마다 "아들, 학교 가자."라고 말하면,

하교 시간이 돼서 현관문을 열고

"마미, 아들 학교 다녀왔어요."라고 말하며

네가 들어올 것만 같아.

그 일상들이 얼마나 소중했는지 그때는 몰랐단다.

그리운 그날들이 천국에서는 이뤄질까?

엄마에게 사랑을 알려 주고 간 순영아.

엄마는 순영이를 너무 사랑한다.

그립단 말이, 보고 싶단 말이,

문장으로는 다 표현이 안 되는구나.

엄마랑 다시 만나는 그날까지,

해맑던 그 웃음 잃지 말고, 항상 밝고 즐겁게 잘 지내렴.

사랑한다, 그리운 내 아들…….

엄마가.

홍승준

엄마는 아직도 모르겠다.

간들이고 혼자 아들이었선 우리아들

엄마의 자랑이자 아들바보로 산들이강

오늘따라 너의 따뜻한 손길이 더욱그립고

가 아니면 부모로써 겪어보지 못했을 감동

빛나는 순간순간들을 가슴깊게 되새기며

늘 큰은 부모가되도록 노력하며 잘살께

지켜봐거지?

사랑하는 아들 승준이에게.

이제는 불러도 대답 없고, 볼 수도 만질 수도 없는,
세상에 하나뿐인 내 소중한 보물 승준아.
날씨가 엄마 마음을 대변하듯 올겨울은
유난히 차갑고 매섭구나.
네가 있는 그곳은 선생님과 친구들의 온기로
한없이 따뜻하기만 했으면 좋겠다.
아직도 승준이는 엄마 마음속에 열여덟 살 그대로인데
너의 친구들은 어느덧 국방의 의무를 지는 성인이 되었단다.
그 친구들을 볼 때면 너무나 씩씩하고 대견하면서도
한편으론 너의 빈자리가 더욱더 크게 느껴지며 마음이 무겁단다.
그때 수학여행에 가지 않았더라면 우리 아들도 한껏 멋 부리며
미팅도 하고 가족들과 보낼 수 있었을 텐데…….
너와의 그 평범한 일상이 엄마는 너무도 그립고 간절하단다.
엄마 품에 가장 늦게 오고, 가장 먼저 떠난 아들.
엄마 사랑을 제일 짧게 받고 떠난 막내아들.
아직 너에게 줄 사랑이 너무너무 많이 남아서,
어떻게 보내 줘야 할지 엄마는 아직도 모르겠다.
널 그리워하는 마음이, 보고 싶은 마음이 너무너무 커서,
뻥 뚫린 가슴을 어떻게 채워야 할지 엄마는 아직도 모르겠다.
재간둥이에 효자였던 우리 아들,
엄마의 자랑이자 아들 바보로 만들어 준 우리 아들,
오늘따라 너의 따뜻한 손길이 더욱 그립고 보고 싶다.
네가 아니면 부모로서 겪어 보지 못했을 감동,
빛나는 순간들을 가슴 깊이 되새기며
올곧은 부모가 되도록 노력하며 잘 살게.

지켜볼 거지?

승준아, 엄마 아들로 태어나 줘서 너무 고맙고

다음 생에도 꼭 엄마 아들로 다시 만나자.

사랑해.

황지현

모든것이 거짓 인줄만 알았어

꼭 밝혀주리라 마음속으로 ㄷ

언젠가는 밝혀지겠지만 지금은

보고싶기도하고 지금은 어엿한 ㄷ

용돈주려 화장품도사고 친구를 마ㄹ

ㅁ고 너무나도 그립다

지현아 !

보고 싶은 딸 지현아!

아직도 생생한 1997년 10월 어느 날,

너는 요란하게도 춥고 눈도 많이 오고 번개 치고 천둥 치던 날,

엄마, 아빠가 7년 동안이나 기다려서야 네 모습을 보여 주었지.

엄마랑 아빠랑 너무 기뻐서 어쩔 줄 몰랐지.

기대를 저버리지 않고 목소리도 우렁차게 울어댔었지.

그때는 세상에 부러울 게 없었단다.

그러나 IMF가 닥쳐와 아빠가 제일 힘든 시기이기도 했어.

지현아! 기억하지?

아빠가 너 유치원 재롱잔치 갔을 때, 나는 너무 바빠

네 얼굴도 못 보고 왔으면서 거짓말 했었지. 다 보고 왔다고.

지현이는 아빠가 그런 거 보면 싫어했잖아.

그런데 나중에는 네가 다 이야기해 주곤 했지.

지현이는 하고 싶은 것도 많았어.

태권도, 미술, 그리고 피아노, 검도, 바둑까지 많은 경험을 했었지.

참, 검도는 유단자잖아. 어쩌면 그것은 꼭 아빠를 닮았던 것 같아.

지현이가 지구촌음악학원 다닐 때는 진짜 지현이가

가면을 쓰고 있는 걸 봤지.

용인 외갓집에 가서 외할아버지와

밀짚모자 쓰고 춤추는 걸 보고 많이 놀랐지.

그러던 네가 어느 순간부터 변하더라.

쑥스러움도 타고 부끄럼도 많이 타고.

지현아, 그거 생각 나?

아빠는 너 없으면 외출도 안 하고 기다려 주던 거.

너는 몰랐을 거야. 아무 내색도 안 하고 잘 지내 주었던 지현이.

처음 초등학교 입학할 때 엄마, 아빠는 너무너무 기뻐서

어쩔 줄 모르고 그냥 집에서 큰 소리로 만세도 불렀단다.

그런데 아빠는 마음이 놓이지 않았어.

지현이가 잠이 너무 많아 학교 갈 때마다 깨우면 울고

그때는 너무 속상했는데 어느 순간 적응하더라.

너는 초등학교 때는 공부를 너무 잘할 것 같아 좋았는데

시간이 갈수록 게을러졌지.

중학교 가니까 열심히 하는 모습은 보이지 않고,

시험 볼 때만 새벽까지 공부하고 다른 때는 컴퓨터 게임을 하며

놀기만 했지. 그래도 책은 많이 읽는 것 같았어.

지현아!

초등학교 때는 몰랐는데, 중학교에 가면서 체격이 커지더니

아빠가 왕순이로 별명까지 지어 줬었지.

학교에서는 잘하면서 집에 오면 게을러지고 나태해졌지.

아빠는 핀잔만 주고 네 편에 서주질 못했어.

많이 미안해하고 있어.

그래도 너는 엄마, 아빠의 바람에 충실하려고 노력했던 것 같아.

아빠는 회사가 많이 바빠 너하고

많이 놀아 주거나 같이해 주지 못했어.

대신 엄마가 많이 같이해 주었어.

영화도 많이 보고 맛집도 같이 가서 맛있는 거 먹고

즐겁게 엄마랑 같이했지.

중학교가 너무 멀어 불만이었던 지현이는

고등학교는 가까운 거리에 있어 너무 좋아했었지.

그런데 이제는 기억마저도 희미해지네.

유난히도 책 읽는 걸 좋아했던 지현인데…….

1학년 때는 중국어를 좋아해서 통역관이 되고 싶어 했었지.

꿈도 많았던 지현이.

지금은 하늘나라에서 차근차근 준비하고 있겠지.

이제는 너에게는 미안하지만 세월이 많이 지났잖아.

처음에는 참담하고 어이없고 기가 막혔지.

어떻게 우리한테 이렇게 힘든 시간을 주는지…….

모든 것이 거짓인 줄만 알았어.

꼭 밝혀 주리라 마음속으로 다짐하면서…….

언젠가 밝혀지겠지만 지금은 너무 힘들어. 보고 싶기도 하고.

지금은 어엿한 대학생이 되어 용돈 주면 화장품도 사고,

친구들과 맛있는 것도 먹고…….

너무나도 그립다.

지현아!

너의 친구들 이야기 좀 할게.

너의 열여덟 번째 생일 때 친구들 많이 왔었어.

귀걸이, 반지, 인형 등 가지고 왔었지.

엄마, 아빠에게 선물도 주고.

친구들도 마음이 많이 아프다고 하더라.

추모공원에는 고모네 식구 현정, 현주가 여행 갈 때마다

선물 사가지고 와 진열해 놨어.

엄마, 아빠 걱정은 말고 올겨울 유난히도 추운데

몸 건강하고 잘 지내 줘.

그럼 잘 있어, 내 딸 지현아.

사랑한다.

엄마, 아빠가.

육필 편지 발간에 부쳐

세월호의 진실을 알리고 싶었습니다.

2014년 4월 16일 사랑하는 아들딸들을 수학여행에 떠나보냈던 엄마, 아빠들은 세월호 참사로 인해 이들을 영영 볼 수 없게 되었습니다. 자식을 먼저 떠나보낸 아픔과 슬픔을 간직한 채, 지켜 주지 못한 자식을 가슴에 묻고 남은 생을 살아가야 하는 엄마, 아빠들은 세월호의 진실을 알리고 싶었습니다.

그날 있었던 일을 아무도 알려 주지 않았기 때문입니다.

우리 엄마, 아빠들이 오직 하고자 했던 전부는 바로 세월호의 진실을 알리는 것이었을 뿐입니다. 공권력과 언론, 청와대까지 세월호의 진실을 철저히 감추기만 했습니다. 그렇게 벌써 4년이 흘러왔습니다. 그런데 아직도 세월호의 진실은 제대로 알려져 있지 못합니다. 누가, 왜, 이렇게까지 여전히 진실을 밝히지 않은 채 현재의 상황까지 왔는지, 우리 엄마, 아빠들은 그저 먹먹한 가슴에 맺힌 응어리에 눈물을 삼키고만 있을 뿐입니다.

그런 (사)4·16 가족협의회 엄마, 아빠들이 하늘에 별이 된 아들딸들에게 가슴에 묻고 못다 했던 말들, 들려주고 싶었던 말들을 편지에 담아냈습니다.

이조차 쉽지 않은 일입니다. 우리 아이가 읽을 수도, 볼 수도 없는데 편지를 쓸 용기가 나지 않았습니다. 그럼에도 불구하고

우리는 2014년 4월 16일부터 지금까지 단 하루도 잊지 않고
계속 편지를 써오듯이 견디며 활동해 왔습니다. 죽은 자식이
되돌아올 수 없음에도, 몸이 망가지는 한이 있더라도, 자식을
잃은 엄마, 아빠들은 진실을 알리기 위해 개인의 모든 것을
포기하고 진실을 인양하기 위한 걸음을 걸어왔습니다.
'세월호의 진실을 알려야 한다'는 일념 하나로 지내 온 4년,
다시 편지를 씁니다. 우리의 눈물과 슬픔, 용기와 희망을
꾹꾹 눌러 담아 손으로 편지를 씁니다.
편지를 쓰는 동안 엄마, 아빠들은 너무도 행복했던 기억들과
추억들 덕분에 웃고, 지켜 주지 못한 아들딸들에 대한 미안함에
울며 힘들게 한 자, 한 자 써내려 갔을 것입니다. 이 세상에
이보다 더 가슴 절절한 사랑과 슬픔을 담아낸 글은 없을
것입니다. 이런 편지글이 책으로 만들어지고 만들어진 책은
영원히 기록으로 남을 것이며, 많은 사람들이 이 책을 읽어서
다시는 제2의 세월호 참사가 일어나지 않도록 하는 계기가
되기를 기대합니다.

하나의 작은 움직임이 큰 기적을 일구어 왔습니다.
우리는 세월호를 국민의 힘으로 인양했다고 말했습니다.
우리나라를 통째로 사유화한 권력은 금성철벽처럼 여겨져
왔습니다. 그러나 희생자들과 진실을 기다리겠다는 작은
노란 리본의 물결이 큰 촛불이 되어 우리 사회의 움츠러든
민주주의를 되살리는 불씨가 되는 광경을 우리는 광화문
광장에서 맞이할 수 있었습니다. 우리가 직접 우리 손으로
바꾼 역사가, 이제 진실을 제대로 밝히고 국민의 생명과 안전을
위한 역사로 거듭날 순간이 도래하고 있습니다.
그러나 현실은 만만치가 않습니다. 거짓으로 일관하고 숨어 버린

적폐 세력은 여전히 진실을 왜곡해 자신들의 권력을 되찾기 위해 사회 곳곳에서 도사리며 암약하고 있습니다.

2014년 4월 16일 그곳에서 벌어진 일을 우리는 잊을 수 없습니다. 추악한 권력과 자신들의 이익을 위해 304명의 생명이 무참히 희생됐습니다. 해경은 구조를 방기했습니다. 그들은 아무것도 하지 않고 윗선의 지시만을 기다렸습니다. 언론은 사실을 알고 있었음에도 진실을 감췄습니다. 사법부는 '세월호 참사는 살인, 유기치사의 살해 사건이며 침몰 원인과 구조 책임에 대해 더 밝혀야 한다'고 평결했습니다. 검찰은 '실수로 벌어진 일, 안전 불감증으로 벌어진 일'이라고 얼버무렸지만 우리는 모르지 않았습니다. 청와대와 국정원부터 연결된 모든 책임자들이 수사 대상이며 이들의 책임을 묻고 처벌하지 않으면 제2의 세월호 참사가 반복되리라는 것을 온몸으로 깨달을 수 있었습니다.

진실과 정의를 담은 육필 편지를 모두에게 전하고 싶습니다. 우리 엄마, 아빠들이 지난 4년간 참사의 현장에서, 그리고 이웃과 시민들과 함께 걸어온 그 길에서 키웠던 그리움이 우리의 손에서 국민의 손으로 전해지기를 간곡히 바라고 있습니다. 이 편지를 전해 주시길 바랍니다. 우리는 이 편지가 더 많은 이들에게 전해지기를 바라고 있습니다. 이것을 우리는 기적이라고 여기고 있습니다. 대학가의 대자보로도 전해지고 SNS로도 전해지면서 진실을 깨우치고 우리의 존엄을 세상에 알려 온, 세월호 참사 이후 4년이 그랬던 것처럼 이 손 편지가 다시 진실을 향한 큰 걸음을 북돋는 하나의 작은 움직임이자 큰 기적이 되기를 바랍니다.

지난 4년을 함께해 온 국민 여러분께 다시 큰 감사의
마음으로 인사를 전하고 싶습니다. 정말 고맙습니다.
우리는 포기하지 않으리라는 다짐을 이 책에 담아 또다시
진실을 향해 가겠습니다. 그 길에 여러분과 잡은 손 놓지 않고
끝까지 함께하겠습니다.

(사)4·16 세월호 참사 진상규명 및 안전사회 건설을 위한
피해자 가족협의회 운영위원장
단원고등학교 2학년 7반 전찬호 아빠 전명선

사랑하는 아들딸들에게
그리움을 담아 보내는 편지

봄이 온다네.
정말 봄이 오나 보다.
겨우내 꽁꽁 얼었던 대지에 파란 새싹들이
꼬물꼬물 흙을 비집고 쏘옥 내미는 것이 정말 봄이네, 봄.

화사한 봄날에는 "벚꽃 엔딩"을 부르며
바람에 날리는 꽃비를 맞아야 하는데……
까르르 웃으며 부르는 노랫소리가 들리지 않는다.

벚꽃이 꽃비가 되어 온 세상에 흩날리는 4월이 되면
봄바람에 흩날리는 벚꽃을, 시린 가슴을 안고
또 어떻게 바라볼 수 있을까.

그리움을 참는다고 기억에서 지울 수 없듯이……
슬픔이
그리움이
가슴을 짓누르며 숨을 쉬지도 못하는 엄마, 아빠들에게
사랑하는 아들딸들을 피부로 느낄 수 있게
바람으로

바람에 흩날리는 꽃잎으로
따사로운 햇볕으로
숨을 쉴 수 있는 공기로 우리 곁에 머물렀으면 좋겠다.
그리움의 햇살이 온 세상을 환하게 비추었으면 좋겠다.

언제쯤이면 벚꽃처럼 예쁜 너희가 엄마, 아빠 곁으로 와서
환하게 웃어 줄까?
언제쯤이면 엄마, 아빠들이 벚꽃처럼 예쁜 너희에게
환하게 웃어 줄 수 있을까?

매일매일이 그리움의 나날들이지만……
진실이라는 희망은 파릇파릇 새싹으로 돋아나고
슬픔과 그리움이 예쁜 벚꽃으로 피어나고
그 그리움이 따사로운 봄바람으로 다가오며
그리움을 담은 따사로운 햇볕이 노랑나비가 되어
훨훨 날아가는 그날이 오면……

하늘이 아주아주 푸르른 날
환한 웃음 띠며 꼭 만나자꾸나.
그날은
엄마, 아빠들을 환하게 웃으며 꼬옥 안아 주려무나.

사랑하는 아들딸들아,
하늘의 별이 된 너희는 영원한 친구들이 되었구나.
그곳에서는 사랑하는 아들딸들이
행복하게 웃으면서 지냈으면 좋겠다.

사랑한다.

그리고 보고 싶다.

    (사)4·16 세월호 참사 진상규명 및 안전사회 건설을 위한
피해자 가족협의회 4·16 기억저장소장
단원고등학교 2학년 3반 김도언 엄마 이지성

제일 하기 싫고 어려운 일들을 꿋꿋이 하는 분들.
시민들의 가슴에 깊이 남을 겁니다.

이천환(한사랑병원장, 4·16 기억저장소 운영위원장)

아이 잃은 고통도 감당하기 힘든데 해결되지 않은 사회적인
문제로 그 상처 위에 또 다른 상처들이 겹겹으로 씌워지는 걸
보았습니다. 그 해결되지 않는 문제들이 또 얼마나 끈질기고
집요하게 유가족들을 괴롭히는지도 보았습니다. 그 모든 것들을
다 겪으면서도 마지막까지 서있는 성숙한 시민, 그분들이 바로
유가족 분들이었습니다. 그분들 곁에 저도 인간이고 싶어
존중하는 마음으로 조용히 서봅니다.

김순천(작가, 4·16 기억저장소 운영위원)

아프지만 아름다운 책. 공감의 간극을 좁히고, 온전히 하나
되지 못하는 우리 모두의 한계를 극복하는 데 참으로 큰 도움을
주리라 생각합니다. 책을 내기 위한 유가족들의 애씀이 안쓰럽게
느껴지기조차 합니다만, 하늘에 있는 아이들이 부모님들을
자랑스러워할 생각을 하니 위로가 되는군요. 유가족 여러분들이
이 험한 세상의 빛임을 잊지 마시길 바랍니다. 부디 마음과
몸의 건강을 지키길 부탁드립니다.

김익한(명지대학교 기록정보과학전문대학원 교수, 4·16 기억저장소 운영위원)

2017년 한여름. 그날 엄마, 아빠들은 묵묵히 세월호에서 올라온 아이들의 옷을 하나하나 정성들여 세척하고 있었습니다. 3년이 넘도록 바닷속에 있던 교복과 트레이닝복 그리고 속옷들…….
삭을 대로 삭아 형체만 남은 아이들의 옷을 만지며 어떤 마음이었을지 짐작만 할 뿐입니다. 4·16 기억저장소의 엄마, 아빠들은 그렇게 아이들을 만나고 기억합니다. 눈물 뚝뚝 떨어지는 가슴을 부여잡고 그들은 지금도 아이들을 기록하고 있습니다.
김진열(독립다큐멘터리스트, <나쁜 나라> 감독, 4·16 기억저장소 운영위원)

편지 속에는 그 어느 시인도 노래하지 못한, 아이들에게 마지막 남은 심장 핏줄 한 오라기마저 다 바쳐서라도 아이들이 그토록 소망하는 세상을 향해 나아가고야 말겠다는 신념이 드러나 있습니다. 그 어느 드라마보다도 간절한 진실이 담겨 있습니다. 편지 한 통, 한 통은 촛불 이후의 세상에 대한 희망의 편지입니다.
김태철(4·16 교육연구소 소장, 4·16 기억저장소 운영위원)

4·16 이후의 세상은 달라질 것입니다. 별이 된 우리 아이들이 이 세상을 비춰 주기 때문입니다. 그리고 우리 엄마, 아빠들의 활동으로 그 별빛은 더 밝아집니다. 아픔을 딛고 세상을 밝히는 소중한 분들의 이야기가 편지에 담겨 나온다니 참 반갑습니다. 늘 함께하겠습니다.
김태현(문화예술 협동조합 컬쳐75 이사장, 4·16 기억저장소 운영위원)

어느 날 갑자기 찾아온 영원한 이별을 그저 바라만 봐야 했던 엄마, 아빠, 그리고 별이 된 아이에게 편지를 쓰는 그 부모님들을

기억합니다. 세상의 사악함과 편견을 꿋꿋이 이겨 내고 있는
그분들을 기억합니다.

신대광(원일중학교 교사, 4·16 기억저장소 운영위원)

4·16 기억저장소에 만난 분들은 '엄마'와 '아빠'라는 자리가
얼마나 큰 자리인지 온몸으로 보여 주었습니다. 세상에서 가장
정의롭고 강한 분들이었습니다.

양민철(목사, 광화문 천막카페 대표, 4·16 기억저장소 운영위원)

"뭐든 안 할 수가 없었어요."라고 부모님들은 말했습니다.
슬픔에서 길어 낸 말을 들으면서 자식을 명예롭게 기리기 위한
투쟁이 4·16의 애도이자 치유라는 사실을 알았습니다. 여러분이
겪은 깊은 슬픔이 정의를 실현하는 물결을 만들어 내고 있습니다.
그 물결에 함께하겠습니다.

유은주(상지대학교 교양학부 교수, 4·16 기억저장소 운영위원)

"기록되지 않은 역사는 반복된다."는 말이 있습니다. 마주치는
현실이 너무도 힘들지만 엄마, 아빠라는 이름으로 지치지 않고
진실을 기록하며 꿋꿋하게 걸어갈 그 발걸음은 역사 위에
위대한 이름으로 기억되리라 믿습니다.

이상임(사진작가, 4·16 기억저장소 운영위원)

슬픔과 울음을 삼킨 엄마, 아빠가 너희를 잊지 않고 끝까지
지키겠다 약속의 편지를 쓰셨구나. 너희를 향한 기억이 새로운
세상을 가져올 것을 믿으며 엄마, 아빠의 편지에 뭐라 답해
주었으면 좋겠구나!

이정배(목사, 현장아카데미 원장, 전 감신대학교 교수)

1백 년 뒤, 사람들은 4·16 유가족이 한국의 역사를 바꾸어
놓았다고 말할 겁니다. 그 중심에는 4·16 기억저장소
어머님들과 아버님들이 있습니다. 기록으로 아이들이
기억되고 진실이 드러나기를 소망하는 이분들의 정성 어린
마음에 따듯한 응원을 보냅니다.

이현정(서울대학교 인류학과 교수, 4·16 기억저장소 운영위원)

부모님들의 곁에 있었다는 게 제게는 큰 축복이었습니다.
절절함이 희망으로 바뀌는 미래를 언제나 함께할게요.

허동훈(프라이드스쿨 대표, 4·16 기억저장소 운영위원)

작년 이맘때 목포신항에 다녀온 일이 떠오릅니다. 마지막 항해를 마치고 목포신항으로 인양된 '세월호'의 처참한 모습에서 우리 사회가 해결하지 못한 아픈 단편을 읽을 수 있었습니다. 침몰하는 대한민국을 보며 때때로 끓어오르던 분노는 4년이 지난 지금도 사그라지지 않고 있습니다. 우리는 "영원히 잊지 않겠다."고 약속해 왔습니다. 그러나 어떻게 해야 잊지 않는지 몰라 여전히 헤매고 있는 중입니다.

아직도 가야 할 길이 멉니다. 과연 우리 사회가 누구의 도움도 받지 못하고 별이 돼버린 250명 학생과 11명 선생님들의 귀한 생명과 그분들의 뜻을 제대로 담아 가고 있는지 돌이켜 보지 않을 수 없습니다.

꽃잎이 되고, 바람이 되고, 저 하늘의 별이 된 사랑하는 아이들. 먹먹한 가슴을 꾹꾹 쓸어내리며 눈물로 채웠을 그 부모들의 편지……. 이 책이 그렇습니다. 별과 꽃이 되어 우리 곁으로 돌아온 그리운 얼굴들이 다시 우리를 일으켜 세웁니다. 거듭 성찰하고 서로 다그치며 우리에게 맡겨진 시대적 책무가 무엇인지 돌이키게 만듭니다. 기억을 넘어 희망을, 아픔을 넘어 성장을, 좌절을 넘어 성찰을 이뤄 가는 시대적 책무를 다하는 것이 우리의 길이 아닐까 생각합니다.

이 책을 덮는 순간, 가슴 깊은 곳에서 부재의 슬픔이 다시 밀려옵니다. 세월호 희생자 304명, 특별히 우리의 가족이었던 250명의 학생들을 기억할 것입니다. 그들을 우리 가슴속에, 학교에, 교육 속에 안고 가는 한 그들은 외롭지 않을 것입니다. 사랑한다는 것은 기억한다는 것이라고 합니다. 우리는 오늘을 살아가지만, 꽃이 지고 별이 진다고 그대들을 잊은 적 없습니다. 내일을 만들기 위해 오늘 우리는 다시 당신들을 기억합니다. 사랑합니다. 잊지 않겠습니다. 그리고 기억하겠습니다.

사랑하는 아이들이여, 아름다운 세상을 상상하며 그곳에서
영원한 평화를 누리기를 기원합니다. 하늘나라에서 영원한 별로
남아 빛이 돼서 우리에게까지 이르기를, 그 빛이 영원하기를
간절히 기원합니다.

이재정(경기도교육감)

그날 우리의 가슴에는 깊은 상처가 생겼습니다. 상처는 파이고,
벌어지고, 덧나고, 곪아 터지다 이제 조금씩 새살이 돋아납니다.
그저 시간이 지났기에 상처가 아물어 가는 것은 아닙니다.
유가족들은 이루 말할 수 없는 아픔 속에서도 진실을 인양하는
일에 온몸과 마음을 쏟았습니다. 수많은 사람이 그 일에 마음을
모으고 힘을 모아 주었습니다.
그날 우리는 사람의 생명보다 돈을 앞세우는 우리 사회의
민낯을 보았습니다. 가만히 있으라는 침묵과 복종을 가르친
교육의 폐해를 보았습니다. 권력의 안위를 위해 진실을
침몰시키는 불의를 보았습니다. 기억을 지우고 약속을 외면할
것을 강요하며 사람들을 이간질하는 죄악을 보았습니다.
가만히 있을 수 없었습니다. 진실과 정의를 인양하기 위해,
기억과 약속을 지키기 위해 끈질긴 싸움을 벌였습니다. 마침내
그 힘든 과정은 촛불이 되었습니다. 큰 슬픔, 깊은 절망으로
짙은 어둠 속에서 새로운 희망의 빛이 타올랐습니다.
부모님들이 쓴 편지를 읽으며 아이들을 다시 만날 수
있었습니다. 한 명, 한 명 우리 아이들을 생각하고, 그날 이후
하루하루가 4월 16일인 가족들의 마음을 헤아리며 스스로의
다짐을 가슴에 새겨봅니다. 이 책을 통해, 하늘의 별이 된
아이들과 가슴속 깊이 함께했으면 좋겠습니다.

최교진(세종특별자치시교육감)

울음은 울음을 부릅니다. 슬픔은 물처럼 다른 슬픔으로
스밉니다. 세월호의 슬픔이 그랬습니다. 눈물은 "네 눈물을
기억하라."고 우리에게 말합니다. 아이들이 우리 곁을 떠났을 때
눈물이 우리 얼굴에 썼던 젖은 글씨를 잊지 말아야 합니다. 그때
눈물은 우리 가슴에 '자책, 후회, 반성, 미안함, 다짐, 죄스러움,
참담함' 이런 글씨를 쓰지 않았습니까. 그 글씨를 기억합시다.
기억해서 이런 불행이 되풀이되지 않게 하는 일에 앞장섭시다.
끊임없이 기억하고, 기록하고, 그리워합시다. 땅이 꺼지는
고통과 슬픔, 점점 커지기만 하는 그리움을 안고 사는 부모들이
한 글자, 한 글자 피와 눈물로 새긴 편지들을 따라 읽읍시다.
그것만으로 우리는 이미 그 유산을 남기는 역사의 현장에
참여하는 것입니다.

도종환(시인, 문화체육관광부 장관)

세월이 가면 잊힌다고 하지만 '세월호'를 잊을 수는 없습니다.
망각의 저편에 묻어 두기에는 너무도 가슴 아픈 사연이
많습니다. 세월호 유가족들의 응어리진 통증과 한 맺힌 절규를
현장에서 들었습니다. 많이 아파했고 함께 울었습니다. 협상
책임자로서 아픔을 조금이라도 덜어 드리기 위해 백방으로
노력했습니다. 제 양심이 명령한 대로 어떻게 해서든지 증거
인멸을 막고 진상 규명이 되길 바라는 마음이 컸습니다.
조직적으로 세월호 진상 규명을 방해하려던 박근혜 정부가
물러나고 문재인 정부가 들어서면서 세월호 진상 규명을 위한
작업이 하나씩 진행되고 있어 다행입니다. 세월호의 진실은
반드시 세워야 하고 교훈도 세워야 합니다.
세월호 참사 4주기를 맞아 뜻깊은 책을 발간한다는 소식에
마음을 보태고자 추천사를 적는 마음 여전히 아프고 아립니다.

수신인이 하늘에서 받아 볼 편지. 지상에서 받을 수 없지만
편지로라도 사무친 그리움을 전할 수밖에 없는 세월호
부모님들의 애통한 마음을 헤아립니다. 그래서 더욱 마음 한편에
눈물이 적셔지는 편지들입니다. 밤하늘의 별이 된 세월호의
아이들을 향해 절절한 사연을 담아 지상에서 보낸 편지가
하늘에 꼭 전해질 것을 믿습니다.
세월호 참사 4주기. 그 잔인했던 4월의 봄 앞에 다시 고개
숙입니다. 책 발간을 계기로 세월호 참사 진상 규명과
4·16안전공원 작업도 속도감 있게 진행되어 아픔이 현실에서
조금이나마 승화되는 계기가 되길 간절히 소망합니다.

박영선(국회의원)

이 책에는 세월호 가족 분들의 아이들에 대한 기억과 사랑을
직접 적은 편지글이 실려 있습니다. 4년여의 세월이 흘렀지만
그날의 안타까움은 여전하고, 아이들에 대한 부모님들의 마음도
그대로입니다. 이런 절절한 감정들이 편지 하나하나에 가득 담겨
있어, 읽는 내내 제 마음도 쉽게 가라앉지 않았습니다.
안산이 지역구인 저는 특히 세월호 참사를 잊기 어려웠습니다.
그간 세월호 진상 규명 등을 위해 특별법을 대표 발의하고
국회와 당에서 세월호 관련 활동을 계속해 왔습니다.
하지만 아직도 세월호는 미완의 과제로 남아 있고 유가족
분들의 아픔을 얼마나 덜어 드렸을지도 헤아리기 어렵습니다.
책을 만들어 가는 과정은 가족 분들에게 아프고 슬픈 일이었을
것입니다. 어렵게 펴낸 책인 만큼 이를 통해 많은 분들이
가족들의 이야기에 귀 기울이고, 이 기억들을 오랫동안 함께
간직할 수 있기를 바랍니다.

전해철(국회의원)

마음을 선하고 싶을 때 우리는 편지를 씁니다. 그래서인지
어떤 글을 쓸 때보다도 편지를 쓸 때 생각이 복잡해집니다.
아무리 글을 잘 쓰는 사람이라고 해도 진심을 전하는 편지를
단숨에 써내려 가지는 않을 것입니다. 무슨 이야기부터
해야 할지 고민하다 첫 줄을 쓰고 지우고, 또 쓰고 지우기를
반복하는 것은 비단 저만의 모습이 아닐 테지요.
진심을 꾹꾹 눌러 담고도 편지를 부치지 못하는 사람들이
있습니다. 세월호 유가족들의 보내지 못한 편지를 생각하면
가슴 한편이 아려 옵니다. 생때같은 아이들을 마음에 묻어야
했던 부모들은 그동안 얼마나 하고 싶은 이야기가 많았을까요.
편지를 완성하기까지 얼마나 많은 눈물을 삼켰을까요.
세월호 참사가 일어난 지 4년이 지난 지금도 부모들은 여전히
자녀들이 그립습니다.
이 책은 세월호 유가족이 아이들에게 쓴 편지를 모았습니다.
자신의 기억 속에서라도 아이들을 살아 숨 쉬게 하고 싶은
부모들은 편지를 쓰는 모든 시간을 아이에 대한 기억으로
가득 채웠을 것입니다. 손 편지에 담긴 부모의 마음이,
별이 된 아이들에게 고스란히 전해지기를 진심으로 기원합니다.
편지를 쓰는 그 순간만큼은 슬픔이 사라진 시간이었기를,
여전히 아이들과 연결되어 있음을 느끼는 시간이었기를 바랍니다.

박주민(국회의원)